Bodo Berg

Mehr als ein Spiel
Aus dem Leben eines Fußballfans

Bodo Berg

Mehr als ein Spiel
Aus dem Leben eines Fußballfans

Mit Fotos von yves eigenrauch

VERLAG DIE WERKSTATT

Die Deutsche Bibliothek - CIP-Einheitsaufnahme

Ein Titeldatensatz für diese Publikation ist bei
Der Deutschen Bibliothek erhältlich

2000   2001   2002   3   2   1

Copyright © 2000 Verlag Die Werkstatt GmbH,
Lotzestraße 24a, D-37083 Göttingen
Alle Rechte vorbehalten.
Lektorat: Bernd-M. Beyer
Umschlagfotos: Yves Eigenrauch (Das vordere Bild
zeigt die Steigerstraße in Gelsenkirchen-Erle.)
Satz und Gestaltung: Verlag Die Werkstatt
Druck und Bindung: Westermann Druck, Zwickau

ISBN 3-89533-299-2

Inhalt

Für meinen Sohn Jan,
der sich bisher erfolgreich
dagegen gewehrt hat,
diese Leidenschaft
mit mir zu teilen.

Prolog

Anfang Januar im neuen Jahrtausend: Es ist Mittwoch, 18 Uhr; ich suche nach meinem Schal. Detlef, Clemens, Marie-Jeanette und Willi warten schon, wir wollen zum »Freundschaftsspiel« nach Essen. Es geht gegen Rot-Weiß, da kann man selbst in der Winterpause nicht von Freundschaft reden. Da liegt Dynamit drin, und das schon seit Jahrzehnten.

Es ist ein Spiel um die Ecke; bequem mit Bus und Bahn zu erreichen, und ein Bier auf die Faust ist auch noch drin. Der Zug von Gelsenkirchen-Hbf fährt tatsächlich um 19:04 von Bahnsteig vier ab. »Ein verrücktes Omen«, sagt einer, und es geht Richtung Stadion Hafenstraße mit den altbekannten Gesichtern von so manchen Auswärtsfahrten.

Lang ist es her, so zehn bis zwölf Jahre, als ich das letzte Mal hier war; noch mit Theo und Hannes, die schon lange nicht mehr auf Schalke gehen. Damals habe ich mir geschworen: »Nie wieder Rot-Weiß!«. Es gibt hier einfach zu viele Durchgeknallte. Diese Haltung hat sich in all den Jahren nicht geändert. Schon mein Opa war dieser Meinung. Ich erinnere mich an so manche Rangelei, an blutige Nasen, an demolierte Autos. Das Verhältnis der beiden Fangruppen kann man einfach nicht erklären.

Nee, Rot-Weiß, das ist kein Freundschaftsspiel, das ist eine andere Liga, und das nicht nur spielerisch.

»Sicherheitsstufe Eins«, brummeln wir und trollen uns in die Kurve. Hallo, hallo, hallo, grüßen wir uns durch und stehen anschließend hinter dem Tor auf halber Höhe.

Es ist eine seltsame Stimmung unter den Fans. Dieses übliche Einsingen mit dem lang gezogenen Vereinsnamen bleibt heute aus. Die Spieler laufen ein; Anpfiff. Es sind viele von der Stammelf verletzt, die Neueinkäufe der Blauen tummeln sich mit Altbekannten. Alle starten durch mit heillosem Chaos und präziser Desorientierung. In der Fankurve schauen wir uns ratlos an. Doch das Trauerspiel da unten auf dem Rasen wird seltsamerweise nicht mit Pfiffen und Unmutsäußerungen bedacht. Statt dessen Bravo-Rufe, Weltklasse und Kann-ma-passieren.

Mike Büskens und Ingo Anderbrügge, die in diesen Tagen den Verein verlassen haben, werden gefordert. Eine Art Schalker Rückblick beginnt in der Kurve, und es wird gefeiert. Ernst Kuzorra, Reinhard Libuda, Sascha Borodjuk, Wladimir Ljuty, Günter Schlipper, Egon Flad, Dieter Schatzschneider, Aki Lütkebohmert, Rainer Edelmann, Magic Prus und so weiter; eine wehmütige Stimmung liegt in der Luft. Unten auf dem Rasen regiert Tristesse. Sascha Wolf, der einzige gebürtige Schalker auf dem Rasen, macht das erste Tor - für Rot-Weiß. Und die Schalker feiern ihn: »So ein Tag, so wunderschön wie heute… Im Leben, im Leben geht mancher Schuss daneben, nur einer nicht, nur ei-

ner nicht, der Schuss von Sascha Wolf! Huuh, Huhh…«
Das Heulen klingt wie ein Wehklagen. Ich komme mir
vor wie in einem Fellini-Film. Es ist eine Stimmung, als
ob man sich gleichzeitig mit Cornichons und mit But-
tercremetorte bewerfen möchte. Die Kurve weint innerlich, mit lachendem Gesicht.

Alle, die hier stehen, sind stinksauer auf die Ereignisse der letzten Zeit: auf Transfers, die man nicht mehr
nachvollziehen kann, und auf die spielerische Kultur
auf dem Rasen, in der sich niemand mehr wiederfin-
det. Jahrelang gewachsene Strukturen innerhalb der
Mannschaft sind weggebrochen. Klar, ein Neuaufbau
ist an der Zeit. Aber so, wie wir ihn gerade erleben,
reißt es einem das Schalker Herz heraus. Es tut weh
und es muss raus; raus aus dem dicken Hals hin in
Richtung Mannschaft und auch hin zu diesem Essener
Publikum, das maulaffenfeil die Münder aufreißt und
sich stumm anhört, was eine kreative Kurve so zu sagen
hat. »Hub Stevens ohohoho«, Pirouetten werden ge-
dreht und es schallt neben mir laut: »Finale, ohohoho,
Finale ohoh!!!« Stimmung absurd: »Wir wollen Kaffee
und Kuchen!«

Sascha Wolf macht sein zweites Tor. Es wird frene-
tisch gefeiert, und zwischendurch immer wieder Li-Li-
Libuda-Rufe. Es ist eine dieser Stimmungen, die man
eigentlich gar nicht begreifen und fassen kann. Man
bricht zusammen, um wieder aufzustehen. Es hat was
von Aufschrei, von Ehestreit, von Recht-haben-Wol-
len, aber auch von einer ehrenvollen Stimmung. Wohin soll ich mich wenden, es droht so große Not; vom

Himmel auf die Erde fall'n sich die Englein tot. Liedgut aus den Siebzigern und noch früher macht die Runde. Kling Glöckchen, klingelingeling, kling Glöckchen, kling: Keiner wird es wagen, die Schalker je zu schlagen... Jedes Jahr dasselbe, der Meister kommt vom Berger Felde... Gleich danach: Opa Pritschikowski aus dem Ruhrrevier kennt die Knappen schon seit neunzehnhundertvier. Niemand hat eine dicke Halsschlagader, schreit oder hat den berühmten Schaum vorm Mund. Es tut einfach gut, unserer Ratlosigkeit Luft zu machen.

Halbzeit: keine Zeit für eine eiskalte Erfrischung, eher schon eine für ein paar Gespräche und eine zweite Brat.

Es geht weiter: Unsere Truppe wird durch zwei »eigene« Amateure verstärkt. Der eine erholt sich gerade nach einem Kreuzbandriss, und der andere versucht in die Fußstapfen von Sascha Wolf zu steigen. Die Gesänge setzen sich fort. Doch nicht nur auf den Rängen, auch auf dem Rasen ist der spielerische Höhepunkt überschritten. Sascha läßt sich auswechseln und wirft einen kurzen Winker in unsere Kurve. Da geht er nun vom Platz, der Schalker, der für Essen spielt. Der Profifußball fordert seinen Tribut, und man beißt sich wieder auf die Unterlippe und weiß, an dieser Uhr kann man nicht mehr drehen.

Schlusspfiff: keine Pfiffe, nur betretenes Schweigen und nur raus aus dem Stadion. Die nächste S-Bahn fährt erst in knapp einer Stunde. Ich habe keine Lust so lange zu warten und erinnere mich an die Busse, die ein paar hundert Meter weiter zum Hbf Essen fahren. Ich überquere die Straße und verliere die anderen, die von der Polizei aufgehalten werden. Sicherheitsringe werden aufgezogen. Kurz vor den Bussen zieht ein Essener Jungblutbollo an meinem Schal. Ich weiche zurück, und mein Bier schwappt mir auf die Hose. Ich sag nur: »Du Arsch, der Schal war schon in Trabzon und in Mailand. Verpiss dich !!!«. Die Antwort erzielt Wirkung, und ich setze meinen Weg unbehelligt fort. Um mich herum nur noch Essener. Ich stopfe meinen Schal in die Jacke und fahre in einem mit Essenern vollgestopften Bus Richtung Hbf. Dort fliegt beim Aussteigen noch ein Fenster aus dem Bus. Ich denke nur: »Scheiß Pack« und an meinen Schwur aus vergangenen Tagen.

Die Bahn Richtung Gelsenkirchen erwische ich gleich. Ich setze mich in eine freie Reihe. Ein ziemlich angetrunkener älterer Mann torkelt auf mich zu und sieht meinen mittlerweile wieder hervorgekramten Schal. Lächelnd setzt er sich mir gegenüber. »Nee, wat freu ich mich. Zwei zu null, wat is datt schön. Erst wollte ich gar nich gehn, aber Mensch bin ich froh mich auf den Weg gemacht zu haben. Is ja auch ein Weg von Raesfeld hier hin. Aber, Jung, hat sich gelohnt, die Fahrt für mich ha, ha. Willste auch einen Schluck?«, und will mir seinen Flachmann anbieten. »Nee, et gibt noch einen Fußballgott. Zwei zu null und wir sind nur Regionalliga. Du, hömma, warum wolltet ihr den Sascha Wolf eigentlich nich mehr? Ha, ist ja auch egal! Ich fahr zum Saisonauftakt nach Uerdingen. Mit der Eintrittskarte komm ich da ja für sechs Mark als Schwerbehinderter hin. Ja, früher, da war das noch was, Rot-Weiß gegen S04, da war auf dem Pütt die Hälfte Schalker und die andere Rot-Weiß; da war Feuer unterm Dach. Aber egal, zwei zu null.«

Gelsenkirchen-Hbf. Ich muß aussteigen und verabschiede mich freundlich von dem Mann. Irgendwie hat er mich versöhnlich gestimmt. Und diese Freude kenne ich doch zu genau.

Zu Hause sinke ich ins Bett und grüble vor dem Einschlafen. Was ist bloß los mit meinem S04. Es ist nicht lange her, da saß ich auf dem Gipfel der Fußballglückseligkeit in Mailand, und jetzt das. Rot-Weiß Essen und 0:2. Aber auch die Vergangenheit war schließlich nicht nur Kuzorra und Libuda. Vielleicht muss es so sein. Erst wenn man die Täler durchschritten hat, weiß man die Höhen zu schätzen.

KAPITEL 1

Von Erle nach Schalke

4. Juli 1954, nachmittags. Aus, aus, aus, das Spiel ist aus. Deutschland ist Fußballweltmeister. Die Stimme Zimmermanns scheint sich zu überschlagen. Auch die Bierzapfer im Schievenviertel in Gelsenkirchen-Erle überschlagen sich. Nichts geht mehr. Glückaufbier fließt in Strömen. In der Gaststätte Preckel stehen nicht nur freudetrunken Berthold Berg und Onkel Egon. An diesem Tag feiern sie die Taufe ihres Sohnes und Patenjungen, der ganze 20 Tage alt ist. Allerdings gewinnt König Fußball schnell die Überhand.

Wundersame Gefühle werden in diesen Stunden freigesetzt. Vor neun Jahren erst haben die Truppen der Amis die Zechenkolonie in Gelsenkirchen-Erle verlassen, und nun sind wir Weltmeister. Nicht die Russen, nicht die Amis, nicht die Franzosen, ja nicht mal die Urus: Nein wir, wir sind Weltmeister! Das passt zum beginnenden Wirtschaftswunder. Deutschland in diesen Tagen: Das heißt Ärmel aufkrempeln, zupacken und aufbauen. Die Zeit ist zwar noch düster, die Mäntel sind noch lang, Nylonstrümpfe seit geraumer Zeit kein Luxus mehr, eher noch die Flasche Schwarzer Kater oder die Konsumreise mit Einkaufswagen durch einen dieser neuen Supermärkte, der wirklich »KONSUM« heißt.

Zu dieser Zeit bewegte ich mich noch auf Rädern in einem Kinderwagen aus farbig-gespritztem Weidengeflecht mit breiten Chromkotflügeln und Superparadekissen, mit Mutters selbstgehäkelter Spitze, versteht sich. Für Mutter waren die Nächte kurz und mit Versorgungsarbeiten in einer kleinen Zweieinhalb-Zimmerwohnung in der Lückshofstraße gefüllt. Haferschleim wurde schon auf dem geradezu revolutionären Gasherd zubereitet, wogegen die Windel, ob mit dem kleinen oder großen Geschäft, erst mal durchs Wasser gezogen werden musste. Für Vater war die Nacht um 4.30 Uhr zu Ende, und es ging zu nachtschlafener Zeit auf die Straße. Hindurch durch die Kolonie, deren Straßen bereits voller Leute waren, die zur Arbeit hasteten. Vater arbeitete über Tage, er rangierte Kohle für die Bahn.

Langsam erfühlte, ertastete und ertapste ich diese Welt, die sich als keine schlechte erwies. Das gesamte Umfeld war Großfamilie, deren Arme sich durchs ganze Ruhrgebiet schlängelten. Verwandte in Buer-Bülse, Wuppertal, Essen-Karnap, Mülheim bis hin nach Emden, wo Omas Bruder sich auf See verdingte. Alles griff mal in den Kinderwagen, um den Spross zu knuddeln. Später ging es auf eigenen Beinen die Straße hinunter in den Kindergarten, wo weißbeschürzte und gestärkte Kindergartengarden uns die ersten Lebensinhalte vermittelten. Basteln war angesagt. Und dies in Perfektion, säuberlich dokumentiert im Kindergarten- und Bastelbuch jener Tage: Papierflechtarbeiten, Faltübungen aus Papier, mal als Schiffchen, mal als Flugzeug, mal als Fleißobjekt. Dann noch die Bandgeflechte und nicht zu vergessen Klebe- und Kleisterwerke mit Buntpapierresten. Dieser Produktionsmühle entfloh ich, so oft ich konnte, und stand flennend vor meiner Mutter. Die allerdings brachte mich postwendend zurück und lieferte mich wieder den Weißbeschürzten aus.

Die Zechenkolonie, das Viertel, war ein Eldorado für uns Blagen, mit allem Zipp und Zapp, mit Flitz und Feuerstein. Eine eigene Welt, in der wir auf ungeteerten Bürgersteigen bei Regen prima Pfützenparties feierten. Die Siedlung war angelegt wie ein Dorf. Vier oder fünf Straßenzüge im Rund angeordnet, am Eingang der Kolonie ein Torbogen. Zweigeschossige doppelhälftige Zechenhäuser mit steilen Dächern links und rechts der Straße. Die Fenster unten wurden mit Holzläden abends verriegelt und die Flure in den Häusern waren mit Holztreppen versehen, die Stufen rot, die Geländer gedrechselt und weiß-cremefarben angestrichen. Am Ende dieser Treppen ein monströser Pol mit einem großen Holzknauf. Die Handläufe waren als schnelle Fortbewegungsbahnen von uns Kindern bald entdeckt, mit dem Pol als gefährlichem Endpunkt. Fünf-Watt-Glühwürmchen beleuchteten die Flure. Vor den Häusern waren Ställe angemauert, in denen sich allerhand Kleinvieh tummelte.

Aus dem Bergbau kamen die Straßennamen. Es gab dort die Steigerstraße und den Wetterweg, und die Alleestraße fiel schon aus dem Rahmen. Kohlgeruch, der durchs Viertel schlich, war ein ständiger Begleiter, und oft auch der Smog. Er kam nicht nur durch die umliegende Industrie, sondern auch von den Kohleöfen in den Häusern, in denen die Deputatkohle vor sich hin glimmte. Drückende Wetterlage trieb des Tags und des Nachts viele Bergleute an die Fenster. Das Silikosekeuchen und der Husten der alten Kumpels waren der Preis für ein hartes und entbehrungsreiches Leben, das die meisten schon mit Mitte sechzig beendeten.

Polnisch war hier Zweitsprache. »Gib ma Mottek« heißt zu deutsch »Ich hätte gern den Hammer« oder »Geh ma weg mitte Duppa« meint im Hochdeutschen »Dein Hintern ist im Weg«. Zu dem Begriff Pischka ziehe der Lernwillige besser den Duden zu Rate.

Meine Großeltern wohnten in der Steigerstraße, dreihundert Meter von unserer eigenen Wohnung entfernt. Mit Gemüsegarten, Hühnern, Karnickeln und einem Schwein waren sie fast Selbstversorger. Den Rest bekam man in den beiden Läden gegenüber und nebenan, Buthan und Lintrath, die Tante-Emma-Läden erster Güte. Milch gab's dort noch abgepumpt direkt in den Eimer, und ansonsten war von Nähgarn bis hin zu Einmachgläsern und selbstverständlich den Ringen dazu alles zu haben. Oma hatte zu jener Zeit die Tchibo-»Generalvertretung« im Viertel, und zu ihr kamen alle Nachbarn, was der Kommunikation untereinander sehr gut tat. Der Kaffee war noch in bedruckten Taschentüchern eingenäht, die man hinterher auch als solche verwendete. Wenn mit der Post neue Ware von Tchibo kam, roch Omas Wohnung noch tagelang nach frisch geröstetem Kaffee.

Die Meerschweinchen in den Ställen waren nicht nur zum Streicheln. Sie hielten die Ratten und Mäuse von den Kaninchen fern. Überhaupt hielt man die Kleintiere weniger uns Kinder wegen. Im Gegenteil: Für uns Kinder hieß es früh Löwenzahn schneiden, und zwar säckeweise, und dann an die Karnickel verfüttern. Die sah ich übrigens das erste Mal in Omas Kasserolle, und zwar ohne Fell.

Der Gemüseanbau brachte ebenfalls viel Schlepperei. Den Garten nannte man einfach »Land«: »Der Opa is' auf'm Land«, sagte Oma, und wir wussten, was gemeint war. Auf'm Land wurde munter alles von uns roh in die Zähne geschoben. Saisonbedingt, versteht sich: Erd-, Stachel- und Himbeeren sowie Mohrrüben und Kohlrabi. Nicht zu vergessen die Rhabarberstangen, die in den Zuckertopf getaucht wurden. Sauer bis zum Umfallen.

Ich hielt die Schultüte fest in beiden Händen. In meinem kurzhosigen Einschulungsanzug mit Fliege, fast in Grundstellung, stand ich vor der Schule und ließ mich brav ablichten. Nur ein paar Steinwürfe vom heutigen Parkstadion entfernt, aber das wusste ich damals noch nicht. Hinter der Klassentür lag eine neue Welt. Die Räume hoch wie lang, mit Heizkörpern, die groß, grau und schwer waren. Die Schulbänke schlichtes Holzgestell, mit Haken an der Seite für die Tonne, in der immer etwas fehlte. Die Tafel, ein Monster der Technik, ausklappbar und höhenverstellbar, versteht sich. Der Kartenständer gleich daneben. Damit ließ sich Schabernack treiben, merkten wir später. An den Wänden Bilder, mit denen wir nichts anzufangen wussten. Meterhohe Fenster, aus denen ich mich noch oft hinaussehen sollte, bevor es bimmelte.

Unter den Mitschülern waren auch Jungs aus den drei »Bauten«, einer Art Obdachlosensiedlung für kinderreiche Familien, einen Steinwurf von der Kolonie entfernt. Keiner von denen hatte unter fünf oder sechs Geschwister. Zweistellige Zahlen waren keine Seltenheit. Das hieß für mich, es gibt ältere Brüder, was wiederum hieß, das gibt was auf die Fresse. Die Jungs aus dem Schievenviertel waren verträglicher, obwohl da auch die Laska-Bande ihr Unwesen trieb. Mit vier Brüdern bildeten sie schon eine kleine Bande und teilten ziemlich brutal aus. Erst gab es was auf die Ohren, dann wurde geredet. Die durften alles, Fernsehen bis in die Puppen. Manchmal kam auch uns das zugute. So manche Spätsendung einer Serie haben wir uns Folge für Folge erzählen lassen. Da verschwammen Bilder aus der Fernsehzeitung und Berichte auf dem Schulhof, von »Katschi« dem Japaner, der aus dem Krieg nach Hause lief und hundert Meter vor seinem Heim erfror, oder von Heinz Weiss, der von Sibirien aus nach Hause wanderte, »soweit die Füße tragen«. Die Laskas hatten noch mehr zu bieten, beispielsweise Fotos von leicht beschürzten Frauen, die machten auch die Runde.

Die Lehrerinnen gaben sich bieder und verschreckt über so viel Tollhaus. Und etliche Lehrer waren ehemalige Offiziere, die mit knapper Mühe durch die Entnazifizierung geglitten waren und deren Frust über den Endsieg der falschen Seite wir oft zu spüren bekamen. Prügelstrafen und Ohrlaschen waren gang und gäbe. Darüber zu Hause sich zu beschweren hätte allerdings noch mal Ärger bedeutet.

Aber Prügeleien waren auch untereinander an der Tagesordnung. Man formierte sich, um aus welchen-wohl Gründen ein paar Kraftmenschen um sich zu haben. Oft waren ganze Straßen einfach die Gebiete bestimmter Familien, denen sich irgendwelche Einzelkinder anschlossen. So waren im Norden die Lippebrüder, im Osten die drei Bauten, um die ich noch heute einen Bogen machen würde, und im Westen die Laskas. Irgendwie lag ich mittendrin, und auch die meisten, die später meine Freunde wurden. Mit Namen, die man sich auf der Zunge zergehen lassen muss und die für Nicht-Ruhris so schwer auszusprechen sind, dass man sie leichter auf einer Geige spielen kann: Franz Waschulewski, Gerd Labatzki, Heiko Marcinowski, Rolf Radomski, Benno Napiwotzki-Papajewski, Horst Pliska, Bernhart Bartuschewski, Martin Rosmanek, Peter Papajewski, Rolf Pryzygodda und natürlich die Skiskhibowskis. Evelyn Rogalla kam erst später.

Natürlich gab es auch noch etwas anderes, jenseits der Crangerstraße, einen Kilometer entfernt. Villen, haste nicht geseh'n, und völlig andere Lebensbedingungen. Da gab es nur Vorgärten, gepflegte Rasen und tote Straßenzüge. Ich habe es gehasst, in der Weihnachtszeit dort Kunstkarten für die Gemeinde zu verkaufen. »Heringsviertel« nannten wir Kinder diese Siedlung, und das sagt wohl alles. Die Mitschüler, die wir aus diesem Viertel hatten, verließen uns pünktlich nach der Grundschule, um ihre vorgeschriebenen Wege zu gehen. Nee, da liebte ich doch mein Viertel mit der legendären ersten Pommesbude in Erle.

Die Pommesbuden erlebten damals ihre Geburtsstunde, und so ein Schälchen für 40 Pfennig mit Matsche war ein schmackhafter Zeitvertreib. Allein das Feeling werde ich nicht vergessen, die drei Stufen zu Frau Strijewski hochzuklimmen, um die abgezählten Taler auf die Theke zu legen. Oft konnte ich Eltern meiner Mitschüler aus den drei Bauten dabei beobachten, wie sie riesengroße Salatschüsseln auf die Pommestheke stellten, und fast immer kam die gleiche Bemerkung: Mach voll! Für mich stand zu diesem Zeitpunkt fest: Die essen nur aus Pommesbuden und kaufen statt Limo nur Bier an der Bude. Und wer solche Eltern hat, der passte nicht in unsere Welt der Hausfrauen, Mütter, bastelnden Väter und selbstversorgenden Großeltern.

Essen hatte was mit Machen zu tun, und nicht nur mit Knöpfe Drücken. Noch heute bin ich auf Kollisionskurs mit Leuten, die meinen, Hähnchen werden in der Tiefkühltruhe geboren. Damals wussten wir, was es bedeutete, wenn in einer Stalltür zwei Nägel eingeschlagen waren, und auch, was der Karnickelfangschlag war. Beim Schweineschlachten war Blutrühren Kinderarbeit. In der Waschküche, im Waschzuber. Danach gab es Panhas, eine Art Blutwurst, in der Pfanne gebraten, mit Stampfkartoffeln und Apfelmus. Am Ende dieser Schlachtorgien waren alle Männer betrunken, und alle Frauen versanken in Arbeit.

Über allem aber wachte das Auge Gottes. Zwischen meinem Zuhause und dem meiner Großeltern lag das ehrwürdige evangelisch-lutherische Gebetshaus. Darin saß eine Sekte, die ihre Wurzeln in Schlesien, Pommern und Polen hat und gegen die die katholische Kirche ein lockerer Partykreis ist. Trotzdem gehörte die Gemeinde zum festen Bild des Stadtteils, und auch ich marschierte jahrelang in die Sonntagsschule oder zum Gottesdienst. Da konnte ich dann beispielsweise bestaunen, wie Gemeindemitglieder mitten in der Predigt aus ihrer Bankreihe sprangen, sich vor den Altar warfen und lauthals ihre Sünden beichteten.

Von uns Kindern wurde die Sekte nur »Klub der Knoten« genannt, weil alle weiblichen Mitglieder ihr Haar am Hinterkopf zu geflochtenen Knoten trugen. Der Klub der Knoten machte mich bibelfest, aber er hat es nie geschafft, mir den Herrn nahe zu bringen.

Kein Himmel ohne Hölle, und kein Kinderleben ohne Abenteuer. Jede Jahreszeit hatte ihre Highlights. Im Winter wurde auf dem nahe gelegenen Stadtwaldsee Schlittschuh gelaufen, und wenn das Eis brach, paddelten wir auf Eisschollen umher. Bei der Heuernte gab's auf den umliegenden Bauernhöfen immer was abzustauben. Und Kartoffelzeit hieß, auf den Treckerwagen den ganzen Tag durch Erle mitfahren und bimmeln, was das Zeug hielt. Es konnte auch schon mal passieren, dass ein ganzes Kornfeld in

Flammen aufging, weil eines unserer Kartoffelfeuer übergriff.

Im Sommer gab es die aufgeblasenen und geplatzten Frösche, und manch anderes, an das man sich später nicht gern erinnert: all die blutigen Nasen, die Erdbuden, die über uns einstürzten, die brennenden Sofas, auf denen jener Junge der Größte war, der zuletzt runtersprang. Oder die Fasane, die wir mit Pfeil und Bogen in Klein-Börnchen auf einem alten Zechengelände erlegten. Und schließlich all die Spiele, das »Pitschen-Dopp« (ein Schlagspiel), das Knickern, das Schnibbeln von Bildern und das Tacken(Zehnpfennigstücke)-an-die-Wand-Werfen. Vor allem aber: Fußball.

Ich lebte in einer Piss-Pott-Gesellschaft. Das sagte meine Mutter immer: Piss-Pott-Gesellschaft. Beim Piss-Pott standen sich zwei Mannschaftsführer gegenüber, die aufeinander zugingen, indem sie abwechselnd den rechten vor den linken Fuß setzten, mit halben natürlich, die galten. Dabei riefen sie »Piss« und »Pott«, bis kein Fuß mehr zwischen sie passte, und wer den letzten gesetzt hatte, der hatte gewonnen. Der Sieger konnte dann aussuchen, wen er als Ersten zu sich in die Mannschaft holte. Das hatte Bedeutung, denn die Mannschaftsführer waren die beiden Besten, und wenn einer der Besten noch den Drittbesten nahm, sah es für die andere Mannschaft schlecht aus. Persönliche Freundschaften zählten nicht. Hier ging's um Sieg oder Niederlage.

Heiko und Frannek waren die Besten. Sie wählten immer ihre Mitstreiter, und man konnte absehen, wo man körperlich und spielerisch stand. Zuerst wurden die Stürmer bevorzugt, die die Tore machen sollten. Ich kam erst später dran. Wer als letzter genommen wurde, das war klar, aus dem wurde nie ein guter Zocker. Das waren die Krampen. Heiko und Frannek, die Guten, spielten später in Jugendmannschaften, bei Erle 08 und Erle 19, wo bei Frannek dann seine Körperentwicklung einer Karriere im Wege stand. Er ähnelte zu sehr einem westfälischen Vierkant, ein mal ein Meter, was den flotten Beinchen aber nichts auszumachen schien. So verwuchs sich so manche Hoffnung, vor Publikum zu glänzen.

Mein Part war die Blutgrätsche, die beherrschte ich. Es war der Kampf um den Ball, der mir dieses Spiel nahebrachte. Jemanden fair zu stoppen, daran zu hindern, den glorreichen Pass zu schlagen, oder einfach nur ein Teil des Ganzen zu sein, der gewinnt oder verliert. Und nach dem Spiel den anderen auf neue Art kennen zu lernen. Die Eingeschnappten, die ihre Jacke nahmen, noch ein Blick von der Seite und dann tschüss. Die Krakeeler, die hättest du bloß, man warst du Scheiße und mit dir nie wieder. Oder der Triumphale, der sich gar nicht mehr einkriegt, die Welt anhalten will, damit der Augenblick nicht vergeht, an dem er Rolf einen reingesemmelt hat, balltechnisch, versteht sich.

Wir begriffen früh, dass Fußball ein anderes Spiel ist als Prellball oder anderer Ringelpiez, den uns unsere Lehrerinnen beibringen wollten, die alle Fußballspielen hassten. Daran erinnere ich mich, an die Ost- und Westgoten weniger.

Wenn es nicht gerade schneite oder aus Kübeln regnete, wurde also Fussek gespielt. Auf Wiesen, Straßen oder in Toreinfahrten. Platz war überall in der Kolonie. Und nie, ich meine wirklich nie, hat sich jemand beschwert. Die Alten guckten sogar ab und zu mal vorbei und amüsierten sich. Wenn sie nicht über Wichtigeres redeten. Verkauf eines Rammlers, oder warum die Tauben in diesem Jahr einfach nicht fliegen, ob's am Futter liegt?

Damals verschwand in der Mitte unserer Siedlung die alte Grünfläche, wo früher Ackerbau und Viehzucht betrieben worden waren. Die alten Bergleute schimpften, doch Hühnerställe und Obstbäume wurden dem Erdboden gleichgemacht und platt gewalzt. Später kam ein Trupp Leute mit großen, vor den Bauch gebundenen Binsenkörben und säte ihn aus, den Rasen. 250 Meter mal 150 Meter Rasen, einmal im Monat gemäht. Kurz gehalten, ohne Mulden, Löcher und kahle Stellen. Jetzt war klar, dass dieser vermeintlich tragische Vorfall eine der Segnungen des Himmels sein musste, von der meine Oma aus ihrem evangelisch-lutherischen Gebetsverein immer erzählte. Fortan gab es kein Halten mehr: Schule aus, Fussek spielen und schlafen. Bloß sonntags ab ein Uhr, das war tabu, da saßen all die Taubenväter auf der Wiese, und es war aus vielen Kehlen zu vernehmen: »Komm, Hans, komm«.

An irgendeinem Tag kam mein Vater auf die Wiese, was schon ungewöhnlich genug war. Wir spielten gerade mal nicht Fußball und dösten so in der Sonne, und er sagte: »Komm, heute gehst du das erste Mal mit ›auf Schalke‹.« Schalke war das Neuland, ganz weit weg, das war das Symbol, das Opa mit Kohlenstaub im Arm tätowiert hatte und sich immer schämte, uns Kindern zu erklären. Schalke, das war etwas anderes als sonntags Erle 08 am Forsthaus, das war für mich, mit meinen neun Jahren, so etwas wie heute vielleicht Benfica Lissabon, Flamengo Rio oder Manchester United. Zwar in der gleichen Stadt, trotzdem ganz weit weg.

Die Glückauf-Kampfbahn von Schalke, das war etwas, wovon man hörte und dessen Spieler man kannte. Aber nie wäre der Gedanke gekommen, diese Welt mal betreten zu dürfen. Ich fühlte mich irgendwie erwachsen, als ich über die Kurt-Schumacher-Straße ging, die schwarz vor Menschen war, und mich das Ercignis in seinen Bann zog. So viele Menschen und all der Lärm und das Ausgelassensein. Schals, Fahnen, Trikots oder gar Kutten gab es noch nicht, aber etwas anders aussehen taten sie alle, diese Fußballfans. Wir gelangten zum Stadion beim Seiteneingang an der Hubertusstraße. Ein Gedränge und Geschubse, das mir fremd war, das Gebell der Köter im Hintergrund an den Zäunen. Endlich waren wir an der Reihe, und nach dem Ticketkauf ging es in die Kampfbahn. Es roch nach Bier, Schweiß und ein wenig Urin, alle schrien durcheinander. Den Ball aus dem Spiel konnte ich wahrnehmen, er tauchte ab und zu über den Köpfen auf. Das Spielfeld, ich weiß nicht, und die Spieler, ich hab' nichts gesehen, aber mitgesungen und geschrien, ich war dabei, das war sicher. Ich hörte nicht auf, meinen Freunden davon zu erzählen.

Ich war »auf Schalke«, ab jetzt gab es kein Halten. Jeden Spieltag hieß es hin und die Strecke zwischen Erle und Schalke gelaufen, über den Betonzaun rüber und vorbei an den Kötern, die ich hasste und deren Maulkörbe mich heute noch anwidern. Samstags, das hieß fortan um elf Uhr Wigger-, Roxy- oder Gloria-Kino, auf der Schalker Straße, gucken, was so lief, Fuzzy, Zorro, Godzilla. Und dann zu Schalke. Die Vorfreude, der Weg, die Atmosphäre vor dem Spiel und dann das Match. Wurde gewonnen, so strahlten unsere Gesichter, und es gab eine Menge Unterhaltung auf dem Heimweg. Lief es nicht so gut, fühlten wir uns innerlich leer und die Stimmung war auf dem Nullpunkt. Vieles im Leben ändert sich, und das ist gut so. Aber diese Gefühle nach dem Spiel verbinden mich heute mit denen der ganz jungen Fans, und das ist wohl das, was wir alle am Fußball lieben. Zu empfinden wie ein Schuljunge, im Positiven wie im Negativen, und das hoffentlich bis hinein ins Greisenalter.

Trotz der großartigen Eindrücke bei den ersten Ligaspielen blieben wir auch Erle 08 treu, vor allem mein Vater. Dort ging es gemächlich zu, mit gepflegten Rasenstehrängen und winzigem Kassenhäuschen. In der Ecke brutzelten die Würstchen, Bier brachten die Zuschauer von zu Hause mit, und Tore wurden beklatscht oder hingenommen, wichtig waren die Kontakte. Mein Vater war anschließend bei Preckel an der Ecke, wo eine Stunde nach Spielschluss die meisten Spieler ihr Glückaufbier schlürften, mit nassen Haaren und roten Köpfen. Erle 19 und Erle 08, das war hier alles. Oft war die Kneipe so voll, dass sich jemand nach draußen verirrte, da standen wir und spitzten die Ohren, denn hier ging es um etwas, wovon auch wir etwas verstanden. Und wir warteten auf die »roten Bäcksken«, um dem Vater, Onkel oder sonstwem ein paar Groschen für Pommes aus den Taschen zu reden. Fußball in Erle, das war Wochenendvergnügen pur.

Unerwartet sauste eine Keule auf mich nieder, die mein Leben völlig verändern sollte. Mein Vater starb im Alter von 36 Jahren, ich war gerade elf. »Papa guck mal, ich habe eine neue Cordhose«, waren meine letzten Worte an ihn, bevor mich meine Mutter vom Sterbebett wegzog.

Mutter ließ sich zur Krankenschwester ausbilden, um uns über die Runden zu bringen, wir verließen mein geliebtes Erle und das Schievenviertel, und es ging in Richtung Gelsenkirchen-Innenstadt, »anne« Grenzstraße in Schalke. Hier war alles anders. Kein Grün, keine Gärten, keine Felder, keine Karnickel und keine Fußballplätze, hier pöhlte man in so genannten Affenkäfigen. Das waren zwischen den Häusern eingelassene Drahtkäfige, deren Schlaufen mächtig schepperten, wenn der Ball dagegen prallte. Da dieses ständig passierte, war das Scheppern eine Begleiterscheinung, die nicht nur die Anwohner nervte. Im Sommer staubte es in jenen Käfigen so, dass wir aussahen wie Jungpüttrologen. In der Regenzeit war Spielen nicht möglich, da die Pfützen so groß waren wie kleine Teiche. Und Frösche gab's natürlich auch nicht.

Es war nicht leicht für mich, hier Freunde zu finden. Vielleicht waren es auch andere Typen als in Erle. Erst langsam schloss ich Kontakte, und mit diesen erschloss sich mir auch ein wenig meine neue Umgebung. Schalke ist 100 Jahre gewachsene Industriekultur. Die Berliner Brücke, der Schalker Markt und die Grenzstraße, alles ist geprägt von den Stahlbetrieben in der Umgebung, Thyssen Draht AG, Grillo-Funke und das Gussstahlwerk Schalker Verein. Tausenden gibt dieser Stadtteil Arbeit und Wohnraum. Ich ging durch Straßenschluchten und riesengroße Karrees von Häuserzeilen. Blumen oder Gärten sah ich nicht. Da schon eher abgewrackte Kleingrünanlagen, abgebrochene Bänke und zugeschüttete Sandkästen. Die Umgebung war keine Schönheit, aber sie hatte was. Es lag so etwas wie »gleich geht's los« in der Luft. Es pulsierte, und irgendwie hatte man schon Angst zu verpassen, was um die nächste Ecke geschah. Man kannte den Nachbarn, auch noch die im Nebenhaus oder die von gegenüber, aber dann begann schon die große weite Welt. Verflechtungen innerhalb des Stadtviertels existierten nicht. Man zog hier hin und dort weg oder auch nicht, es hatte nicht die gleiche Bedeutung, wie es die Leute in Erle empfanden.

Als Begrüßung bekam ich gleich ein blaues Auge geschlagen von einem 20-Jährigen. Der hatte nur einen Arm und wurde Kimbel gerufen, nach der bekannten Fernsehserie, obwohl dort ja nicht Kimbel der

Einarmige war, sondern sein Verfolger. Kimbel war dafür berüchtigt, dass er mit seinem Stumpf die Fensterscheiben von Telefonzellen zum Bersten bringen konnte. Grund für mein blaues Auge war im übrigen, dass ich mir nicht die Lippen von ihm habe schminken lassen wollen.

Natürlich, in diesem Alter passiert so einiges, weil alles anders wird. Auch die Affenkäfige waren wir bald leid. Und mein Äußeres änderte sich. Schon in Erle hatte ich das Frisör-Stübchen mit all seinen Handhaarmaschinen und Nackenausrasierwerkzeugen hassen gelernt. Jetzt wuchsen die Haare länger, und die Jeans wurden beim Baden in die Wanne genommen, damit sie besser saßen. Doch der erste Kuss war bei weitem nicht so aufregend wie ein Tor von Lütkebohmert, oder sagen wir mal, einen dieser begnadeten Flankenläufe von Libuda zu sehen. Das sollte sich allerdings bald ändern.

KAPITEL 2

Dribblings im Klassenkampf

Oft ging es damals an den Wochenenden hinaus zum Familienausflug, hin zu der »buckligen Verwandtschaft«. Zwei Cousins gab es da im wilden Essener Norden, in einer Industriegegend von Karnap, wo ständig das Wasser vom 100 Meter entfernten Kokerei-Kühlturm rauschte. Dort ging es katholisch zu, es wurde nach religiösen Riten gelebt und gehandelt. Onkel Walters Riemen bekamen meine beiden Cousins bei Verfehlungen regelmäßig zu spüren, und Sprüche aus vergangenen Tagen gab es dazu. Onkel Walter war einst mit seinem Führer zur Europatournee aufgebrochen, und unter seinen Stalingrad-Erlebnissen litt die ganze Familie bis zu seinem Tode. Da gab es Streit zwischen dem Werwolfdenker und dem sozial-demokratischen Teil der Familie, der nicht begreifen konnte, dass ein Bergmann wie Onkel Walter diesem Naziwahn verfallen konnte. Die Auseinandersetzung mit seiner Vergangenheit bestimmte sein ganzes restliches Leben und ließ ihn nie mehr los. In den letzten Lebensjahren lebte er nur noch mit längst verschiedenen »Kameraden«, lag in den Schlammlöchern vor Stalingrad und focht irgendwelche Kämpfe in Russland. Mag sein, dass mein politisches Zünglein aus diesen Tagen der Karnaper Tristesse stammt.

Doch in Karnap gab es auch das: ein Radio. Ob Bundesliga oder Oberliga, nachmittags war Radio, Sport und Musik angesagt, nachmittags hieß Fußball, und sonst nichts. Da war das Ohr sprichwörtlich im Lautsprecher, und man hörte die Reportagen, während die Damenwelt sich über Neuerungen im Haushaltsbereich ausließ. Rot-Weiß Essen und Schwarz-Weiß Essen waren hier natürlich Trumpf, aber damals schon schauten wir Schalker aus glanzvolleren Sphären zu diesen Vereinen herab.

Fußball, das war auch Radio, bis zu zehn Ohrenpaare hingen davor. Oft drei Generationen, alle den Atem anhaltend. Konferenzschaltung, sakrale Stimmung. Da saßen Schalker, Rot-Weiß-, Schwarz-Weiß- und MSV-Fans nebeneinander und lauschten. Töne und Reportagen, die sich überschlugen, über allem thronte Kommentator Kurt Brumme. Satzfetzen über Ereignisse, die sich im Kopf zu kompletten Spielzügen zusammensetzten: »Ja, ja, aus halblinker Position, fast liegend drosch er…, der Ball ist im Tor, noch vier Minuten im Georg-Melches-Stadion.« Aus, aus, verloren oder unbeschreiblicher Jubel, der Ausgang jedenfalls war wichtig, um den anschließenden Hagebuttentee zu genießen oder ihn in Depression erkalten zu lassen. In Karnap wurde auf jeden Fall gelitten. Einer kam immer unter die Räder, und die Tabelle war nie so, dass man sich beruhigt nach hinten lehnen konnte. Hier ging es jedes Mal um die Wurst, um die sich die Ruhrgebietsvereine stritten. Bayern München oder gar Bayer Leverkusen erzeugten höchstens ein Achselzucken.

Dieser Grundigkasten hatte einen Klang, den ich heute noch, trotz teurer Stereroanlage, vermisse. Alles an diesem Kasten war Kult, vor allem das magische Auge, dessen leuchtendes Grün man nie vergisst. Vielleicht auch nur deshalb, weil man ewig auf diesen Punkt schaute, während man dem Kommentar lauschte, ohne natürlich laut Luft zu holen. Radio, das war die schönste Art, nicht dabeigewesen zu sein.

Mein älterer Cousin Hermann ging an einem Winterabend mit mir, ich war so um die 14, zu einer Ausstellung in einem Jugendheim in Alt-Karnap. Es war eine aufwühlende und gut besuchte Veranstaltung über den Holocaust des Naziregimes. Ich hatte solche Bilder noch nie gesehen oder von derlei in der Schule gehört. Danach war ich nur noch fertig. Tage, Wochen, brauchte ich, um die Bilder verarbeiten zu können, und losgelassen hat mich dieser Horror eigentlich nie wieder. Den Weg von der Ausstellung nach Hause vergesse ich nie, all die Fragen, die sich mir stellten. Ab jetzt hatten sie verschissen, die Onkel Walters dieser Republik.

Ich war nicht der einzige, den es durchrüttelte. Uns stand nicht mehr der Sinn nach Dribblings. Um sich einzukleiden fuhr man nach Bochum oder nach Holland in U.S. Shops und besorgte sich Dinge, die es hier nicht gab. Mutter hatte es mittlerweile aufgegeben, mit dem Frisör zu drohen. Fransenstiefel, Blümchenhosen und Kunstfelljacken verdrängten Nyltest-Hemden und Konfirmationsanzug aus dem Kleiderschrank. Die Beatles waren schon etabliert und selbst meine Mutter fand die Pilzköpfe schon ganz putzig. Aber da gab es ja noch anderes, nachts auf dem Grundig-Kofferradio namens Party Boy und dann am Samstag Morgen ab elf Uhr BFBS, der englische Soldatensender. Dort sich einzuklinken hieß im Herzen der Musik zu stehen. »Show me the way to the next Whisky-Bar« von den Doors, »Voodoo Child« und »Electric Lady-land« von Jimmy Hendrix oder »Fire« von Arthur Brown, das alles hörten wir auf diese Art und mit reichlich Hintergrundrauschen zum ersten Mal.

Nach den Sendungen stand der Mund nicht still. Moody Blues haben eine neue Single auf dem Markt. Hendrix benutzt als Plektron eine Cola-Flasche, nein, seine Zähne und gibt uns wunderbare Töne, die uns erobern. Janis Joplin ist an einer Überdosis gestorben.

Tausende besetzen in diesen Tagen die Schienen vor dem Musiktheater Ecke Flora/Ebertstraße, die gesamte Kreuzung ist schwarz vor Menschen, der Verkehr bricht total zusammen. Polizisten werden kurzerhand ihrer Mützen beraubt, Souvenirs einer Rebellion. Helme, Schilder oder ähnliche Ausrüstungsgegenstände gibt es noch nicht bei der überrumpelten Polizei. Ein heilloses Chaos mit zig-tausenden Demonstranten, groteske und witzige Szenen, und doch kommt eine 15-jährige Freundin zu Schaden. Ein Wachtmeister zieht abrupt das Knie hoch, als wir in einer eingehakten Kette gegen die Polizei stehen. Ein mir unverständlicher, brutaler Akt, der mich ins Grübeln bringt. Aus Spaß wurde Ernst. Demonstrationen und Rote-Punkt-Aktionen waren jetzt wichtiger als die Spiele der »Blauen«, und oft sah ich auf solchen Aktionen auch alte Freunde aus Erle wieder. Edmund beispielsweise, wie er beim Sturm auf das Polizeirevier in Buer oben auf dem großen Eisentor saß.

Manni, ein Freund aus der Nachbarschaft, hatte im Keller einen Sandsack aufgehängt, und dies war eigentlich das Signal, sportlich mal was Neues zu versuchen. Wenn schon Sport, sagten wir uns, dann besser was, womit wir bei den Mädels glänzen konnten. Die Rauchzart-Whisky-Zeit brach an. Während ringsum die Hippie-Flower-Power-Bewegung ihr friedliches Unwesen trieb, zog es uns in die Boxhalle. Am 23. September 1969 wurde ich Mitglied des FC Schalke 04 im Bereich Aktivsportler der Boxabteilung. Meine Klasse war das Bantamgewicht bis 62 Kilogramm, unvorstellbar für mich heute: Später gingen bei mir Kilozahlen und Jahreszahlen konform.

Kalle Kays, ein Kripobeamter aus Rotthausen, Abteilung Sitte, war unser Trainer. Ständig beschwerte er sich, dass er keine Boxer mehr hätte, die sich für ein Butterbrot durchwalken ließen. Das Training war absolut Spitze. Zirkeltraining, und wir als Heranwachsende waren ganz schön stolz, mit so bekannten Boxern wie Kurt Rogosch trainieren zu dürfen. Eineinhalb Jahre später entzog man ihm und seinem Bruder die Boxlizenz, weil sie ihr Können des Nachts in der hiesigen Diskothek Werner am Ring mehreren Leuten zeigten.

Trainiert wurde in der Gertrud-Bäumer-Real-schule, aber Sauna, Massagen und ein wenig Lauftraining waren in der Glückauf-Kampfbahn auf Schalke. Wir fühlten uns wie die Champions: wir in den heiligen Hallen von Szepan und Kuzorra. Da übten wir also Upper-Cuts und Cross-Kombinationen. Verrückte Typen trainierten mit uns, wie Lummy, der heute 60-jährig noch einer der Fittesten in Gelsenkirchen ist und das damals Erlernte niemals verlernte.

Manni konnte mehrere Kämpfe für sich entscheiden und stand vor der Bezirksmeisterschaft. Den Abend davor verbrachten wir im Ringstübcheneck an der Ringstraße. Und an diesem Abend beging ich wohl meinen ersten Alkoholmissbrauch. Manni und ich waren uns einig, dass eine Karriere als Boxer nicht in Frage kam. Es gab so viel anderes, das uns beschäftigte. Richtig zu boxen in der Liga, das hätten wir bei den ganzen Veranstaltungen nebenher nie geschafft.

Also adieu Boxbude, hin zu den Mädels und hin zu einer wirklich wilden schönen Zeit, die uns über den Verlust des Sports hinweghalf, uns aber auch gleich fit hielt. Die Zeit der Kellerpartys und der Räucherstäbchen brach an. Vieles, was sich in den Kellern abspielte, auf Umzugskisten vor den mit Stanniol ausgeschlagenen Wänden, dekoriert mit den neuesten Postern der Hippie-Flower-Power-Bewegung, musste meine Mutter nicht unbedingt wissen.

Im Ruhrgebiet boomten die RAN-Feten, was damals übrigens Gewerkschaftspartys waren und keine TV-

Studiotreffs. Jede Menge Studenten erzählten uns von Benno Ohnesorg, von Rudi Dutschke und dem Kampf gegen den Imperialismus. Ich fand diese Typen alle durchgeknallt. Gut sortiert und zielstrebig die Imperialisten jagend. Das ganze Ruhrgebiet war von Gruppen aus der Studentenbewegung vernetzt und durchzogen. Die meisten Studierten kamen aus anderen Winzlingsstädten, wenn sie nicht gerade ein Semester Ruhrrevolution schoben, aus gutbürgerlichem Hause, irgendwo aus der Gegend um, ich sag mal Ludwigshafen.

Ich bekam Kontakt zu Harald, der in Essen eine Art Büro unterhielt, in dem er oppositionelle Gewerkschaftsarbeit machte. Harald erzählte uns von einer Kadereinheit in Gelsenkirchen-Erle, in meinem Erle eine Kadereinheit des Spartacusbundes, unvorstellbar. Diese Typen mussten wir kennen lernen.

Also gab es ein Treffen. Eines von denen, die 20 Jahre dauern sollten. Da saßen wir, Manni und ich, auf dem Jugendsofa, das ausziehbare mit Schottenmuster, integrierter Bücherlade und eingebautem Radiowecker, gegenüber die Besucher-Klappcouch. Bei Theo an der Crangerstraße auf zirka sechs Quadratmetern. Unten im Haus der familiäre Gemüseladen und ein ausgegliedertes Blumengeschäft. Oben in der Wohnung das absolute Chaos. Die Küche ein einziges Schlachtfeld. Töpfe so groß wie in Großküchen. Maggi-Megaflaschen in Übergrößen, Soßenschachteln groß wie Waschpulverpackungen und überall Teller und Tassen. In der ganzen Wohnung verstreute

Buchhaltungsbücher und Quittungen. Das Wohnzimmer, ein einziger Ablageplatz, und dazwischen Hunde, die mit einer Geschwindigkeit durch die Wohnung hetzten, wie ich sie später nur bei Hunderennen kennen lernen sollte.

Inmitten des Chaos' ein 250 Pfund schwerer alter Mann, so um die 80 mit Wilhelms Zwirbelbart, an die 1,90 m und hieß auch noch Wilhelm. An den Füßen Holzschuhe, neben sich die Flasche Mariacron. Wilhelm war gebürtiger Holländer und der Gründer des Gemüseladens, den Hanna, seine Schwiegertochter, übernommen hat, die wiederum die Mutter von Theo war, auf dessen Couch wir jetzt saßen. Von den Geschwistern und angeheirateten zirka 20 anderen Personen mal abgesehen.

Ein Wohnheim für positiv Bekloppte. Niemand wusste, wo gerade wer war, und es interessierte niemand. Ob man zur Familie gehörte oder Besuch war, jeder war willkommen und konnte sich an den großen Töpfen und Pfannen laben. Der Garten hinter dem Haus gab an Gewürzen und der Laden an Gemüse alles her. Hier wurde gekocht für Bataillone, und wir fühlten uns pudelwohl. Theo war gleichaltrig und besaß einen Freund Jockel, der wiederum einen Bruder in Bonn hatte, der nicht nur studierte, sondern auch noch in der Kommune zusammen mit Peter Brandt wohnte, dem jüngsten Sohn unseres damaligen Bundeskanzlers. Dieser besagte Bruder in Bonn war verantwortlich, dass es eine Gruppe Spartacusbund in Gelsenkirchen gab.

40

Die Leute, die ich dort kennen lernte, waren alle genau wie wir bereit, sich zu engagieren, und das nicht nur an Wilhelms Mariacron-Flasche. Endlich wieder mit Leuten zusammen, die auf Schalke gehen und die auch selbst gerne gegen die Pille treten. Nicht nur, dass wir innerhalb des trotzkistischen Spartacusbundes immer die Prolls waren. Wir waren ja auch noch Fußballfans, das verstanden viele von der revolutionären Elite nicht, vor allem nicht die Mädels. Sinnigerweise hatte es Politbüro-Mitglieder und einen dieser Intellektuellen nach Gelsenkirchen verschlagen. Hans Gässer, Bürger alten Adels aus Kiel, war der größte Schalker vor dem Herrn, und seine leuchtenden Augen beim Erfragen der Ergebnisse des Spieltages ein echtes Highlight.

Ab jetzt spielten wir bei jeder Gelegenheit, ob in Gelsenkirchen oder in Paris. Die Pille und auch die Palette Paderborner fuhren bei all unseren politischen Aktivitäten mit. Zwischendurch ging der Wahn des Klassenkampfes soweit, dass ich nach der Lehre als Einzelhandelskaufmann in der Fabrik zusammen mit Theo eine Betriebszelle gründete, bei Küppersbusch. Dort gaben wir kurz nach den letzten wilden Streiks in unserer Republik die Betriebszeitung »Das Echo« heraus. Leider zu wenig Fußballinhalte, dafür viel von der Internationalen.

Es rumorte an allen Ecken und Kanten in diesen Tagen. Auch mein Verein tat sein Scherflein dazu bei und half mit, die noch heile Welt Fußball ins Wanken zu bringen. Trotz großartiger Spieler und steigenden Zuschauerzahlen, trotz eines super Tabellenstandes zogen schwarze Wolken auf. Der Bundesligaskandal warf lange Schatten auf Schalke 04, und das Schlimmste war, dass es nicht um Fußball ging, sondern ums liebe Geld. Rolf Rüssmann, Akki Lütkebohmert, Reinhard Libuda und sogar Klaus Fischer und all die anderen, das war zuviel. Zur gleichen Zeit lief in den Kinos Clint Eastwoods Film »Für eine Handvoll Dollars«, und das sagt wohl alles.

Den DFB-Pokalgewinn 1972 in Hannover erlebte ich trotzig in Düsseldorf in der Altstadt, und es fiel schwer, sehr schwer, nicht dabei gewesen zu sein. Trotzdem sind mir die Sitze aus der Gaststätte Auberge in der Altstadt noch immer im Kopf. Manni, wir hätten eigentlich hineingemusst. Den Rest erledigte Schlösser Alt.

Dem Fass schlug es den Boden aus, als ich eines Morgens in der WAZ ein Bild von Günter »Oskar« Siebert sah, unserem damaligen Präsidenten, in einem Berg von Miesmuscheln und eine Pannschüppe in der Hand. Dazu folgender Text: »Keiner hält mehr zu ihm, nur sein Freund Aldenhoven hat ihm eine neue Arbeit vermittelt.« Karneval auf Schalke. Was war passiert? Günter Siebert hatte den Bratwurstgroschen eingeführt und an jeder verkauften Wurst partizipiert. Dies flog auf. Aus und vorbei mit dem Präsidentenamt. »Vorläufig.« Kein Fettnäpfchen ließ man aus, in das man nicht hineinwatschelte. Es ging drunter und drüber beim Verein, und Max Merkel konnte sich erlauben zu sagen: »Das Beste an Schalke ist die Autobahn nach München.« Auf die Frage eines Journalisten, ob er sich wie ein Zirkusdirektor vorkomme, antwortete Günter Siebert: »Ja, da bin ich stolz drauf, weil mein Zirkus immer ausverkauft ist.«

Vorher hatte es allerdings ein Fläschchen Sekt zu leeren gegeben. Das Parkstadion ist eröffnet worden mit dem Spiel gegen Rotterdam. Das erste Verbrechen städtischer Verbaukunst ist damit unter Dach und Fach. Danach gibt es kein Halten mehr. Alles was alt ist, wird reif für die Abrissbirne. So fallen nach und nach Hauptbahnhof, Schwimmbad, die ganze Husemannstraße und die alte Polizeiwache am Machensplatz den famosen Stadtplanern in die Hände. Nach dem wunderbaren Leichtathletikstadion, in dem nie Leichtathletik eine Rolle gespielt hat, geht es daran, den Blaumilchkanal in Form einer U-Bahn zu bauen. Eine Stadt verliert ihr Gesicht, und alle schauen weg, nur die Grabredner sind stolz. Einigen wenigen ist zu verdanken, dass die alte Post gegenüber dem Gelsenkirchener Juwel, dem Hauptbahnhof, stehen bleiben konnte. Mann/Frau dübelte sich einfach fest, bevor die Abrissbirne ihr Werk verrichten konnte.

Bei einer Bundeskonferenz im Essener Jugendheim an der Papestraße stand wie so oft der Spartacusbund vor seiner x-ten Spaltung. Irgendwelche Orthodoxen wollten wieder den Weg der Erleuchteten beschreiten. Müde von so vielen verbalen Auseinandersetzungen setzte sich Theo auf die Rednerliste und schritt in die

Bütt. Er machte nicht viel Federlesens und gab seinem Missfallen über den Verlauf der Diskussion Ausdruck: »Wir in Gelsenkirchen stehen da vor wirklichen Problemen…« Und erläuterte die Problematik, Francesco Marinho kaufen oder nicht kaufen. Denn Oskar, unser Präsident, nein, nicht der vom Spartacusbund (sowas gab es da nicht), sondern Oskar Siebert von Schalke 04 stellte diese Gretchenfrage, ob wir als Zuschauer bereit waren, eine Mark mehr auf die Eintrittskarte zu bezahlen für den damals wohl teuersten Transfer zu uns in die Liga, eben von Marinho aus Brasilien. Es wurde geheim abgestimmt, auf Schalke, schon im neuen Parkstadion mit richtigen Wahlurnen, aber nach der Abstimmung gingen natürlich alle Wahlzettel verloren. Ich glaube, ich habe nach dem Ende dieser Rede nie wieder in so leere Gesichter geblickt wie auf dieser Bundeskonferenz. Der Wortbeitrag endete im übrigen ohne das übliche Tischklopfen.

Es war eben etwas anderes, aus der Stadt mit so viel Fußball zu kommen. Das bekamen wir und auch die anderen oft zu spüren. Ging es auf Demos stets linientreu und doktrinär zu, setzten wir oft genug die Schalker Komponente drauf. »Es klingt ein Ruf wie Donnerhall, Vietnam siegt auf jeden Fall.« Da konnte man schon mal ein »Schalke siegt auf jeden Fall« heraushören. Schließlich hatten wir ja auch Genossen aus der Nähe von Lüdenscheid.

Es blieb auch der Blick auf die Tabelle, doch der Fußball rückte weiter in den Hintergrund. Im Ruhrgebiet entstand so etwas wie eine neue Jugendkultur, mit eigenen Theatern und eigenen Zentren. Die ersten alten Zechen und Stahlwerke wurden zu Kommunikationszentren umgebaut, und in Bochum »Die heilige Johanna der Schlachthöfe« in einer ehemaligen Fabrik aufgeführt. Ein Ereignis, absolut neu wie die Mondlandung. Theo, Manni und ich hatten uns inzwischen vom Spartacusbund verabschiedet und waren mit dabei, als in Gelsenkirchen eine neue Theatergruppe gegründet wurde: »Lokomotive Emscher Talbahn« (halt eine Zugverbindung in unserer Stadt). Mit denen spielten wir zehn Jahre erfolgreich Theater über die Stadtgrenzen hinweg. Ähnlich wie Oskar Siebert.

KAPITEL 3

Gold in der Schürfschüssel

Schalke stieg ab! Das Ende der Welt stand zur Diskussion. Leistungsträger verließen den Verein und ließen uns mit unserer Trauer zurück. Frohlockte so mancher Journalist, dass Schalke im Glauben an die unbegrenzte Einmaligkeit scheiterte, ging's eine Saison später wieder in die erste Liga hoch. Um sich gleich wieder in die zweite Liga zu verabschieden und ein Jahr später wieder aufzusteigen. Das Fan-Herz fuhr Achterbahn und viele Tränen wurden ein paar Monate später schon wieder mit Pils gefeiert.

Zwischendurch, mitten in diesen Katastrophenjahren, ein Jahrhundertspiel. 70.000 rasteten aus und Theos Großmarktgeld, mit dem am nächsten Tag Rechnungen beglichen werden sollten, überlebte die Nacht nicht. Schalke stand als Zweitligist im Halbfinale des DFB-Pokals, ausgerechnet gegen die Bayern. 0:2 führen die Münchner schon nach zwölf Minuten, 2:3 heißt es in der 20. Minute. Mit 4:4 geht es in die Verlängerung, wieder liegen die Bayern vorn, wieder gleichen unsere Spieler aus. Vorletzte Minute: Dieter Hoeneß, der Koloss mit der breiten Stirn, steigt in die Höhe und die gefürchtete Glatze trifft den Ball. Unhaltbar, es steht 5:6. Alle Hoffnungen im Wind. Anstoß, Geplänkel im Mittelfeld, dann kommt irgendwie Olaf Thon im gegnerischen Strafraum an den Ball und drischt drauf. 70.000 Herzen fliegen zusammen mit dem Ball ins Netz: 6:6 in der allerletzten Minute.

Sekunde für Sekunde hält sich dieses Spiel als Schlüsselerlebnis in meinem Gedächtnis. Ich habe die Knospe platzen sehen, das Juwel aus dem Berg kullern, Gold in der Schürfschüssel blinken gesehen, Olaf Thon, a star is born. Wie lange haben wir darauf gewartet, wie oft verzweifelt unsere Hoffnungen in Leute wie Tüfekci, Schatzschneider oder andere gelegt. Letztendlich sind sie alle wie Schiffsschrauben im Rasen stecken geblieben. Dieser hier aber nicht, auch wenn er angeblich in Bayern-Bettwäsche schlief, er ist trotzdem Schalker, das machte mich zum sofortigen Dauerkartenbesitzer, trotz zweiter Liga und schlechten Zukunftsprognosen.

Drei Herzinfarkte hatte dieses Spiel auf den Rängen gekostet, und der Manager (im übrigen damals schon mal Rudi Assauer) bemerkte trocken: »Dieses Spiel hat zuviel Kraft gekostet und die Spieler für den Rest der Saison verschlissen.« Mich hat niemand nach meinem Verschleiß gefragt, ich habe während dieses Spiels auch alles gegeben und nicht nur meine Stimme war für ein paar Tage verschwunden.

Ab jetzt war ich sogar auswärts immer dabei. Es ging aufwärts, wiederum nur für eine kurze Zeit. Und es ging wieder abwärts, und wie es abwärts ging. Es gibt Spiele, an die kann sich kein Aas mehr erinnern, jedoch einem selbst haben sie die Eingeweide herausgerissen. Schalke gegen Darmstadt 98 zu Hause. Wir liegen 2:0 zur Pause vorn und verlieren noch in der Schlußphase 3:4. Voller Wut pinkelte ich auf meine Dauerkarte und war fertig mit dieser Saison. Schalke 04 war zum Sparringspartner aller Zweitligisten geworden. Die verunsicherte Mannschaft spielte willenlos und behäbigen Standfußball. Der Fall ins Uferlose, trotz Peter Neururer. Jedes Spiel waren wir dabei gewesen, auch sonntags auswärts. Kurz den Telefonhörer am Sonntag Morgen geschwungen, und ab ging's mit ein paar Freunden Richtung Braunschweig oder Hannover. Unterhaching machte man mit der Bahn, alles unorganisiert, aber stilecht, halt individuell. Gelitten habe ich in keiner anderen Saison wie in dieser.

Es waren die Jahre, in denen die gewalttätige »Gelsenszene« eine Blütezeit erlebte. Die oftmals überforderten Dorfpolizisten kamen mit der Schlagkraft und mit der Raffinesse eingeübter Hauer nicht klar. So fiel so manche Tankstelle der Raserei zum Opfer, und Schalke erstritt sich einen zweifelhaften Ruf. Bei vielen Wegen hin zum Stadion konnte man laufende, rennende und prügelnde Horden bei ihrer Tätigkeit beobachten. Aber es gab auch Positives zu berichten. Von der 1a Erbsensuppe in Braunschweig, die echt von Oma hätte sein können, oder von dem Einfallsreichtum Schalker Fans, die immer eine Nase vorn sind, wenn's um verbalen Krach und Anfeuerung unseres Teams geht. So wurde in Braunschweig der Russe Belanow, der für Braunschweig spielte, kurzerhand von der gesamten Kurve als »La-den-dieb« tituliert. Das verunsicherte ihn so, dass er alles mit dem Ball tat, nur ihn treffen nicht. Belanows Gattin war ein paar Wochen zuvor in Gladbach zusammen mit ihrem Bruder bei einem Pelzdiebstahl erwischt worden. Fußball kann manchmal für den Einzelnen auch grausam sein. Belanow ließ sich nach kurzer Zeit auswechseln, und wir spielten unentschieden.

1988/89 hatte ich noch auf meine Dauerkarte gepinkelt, eine Saison später war sie endgültig fällig: nach dem verpassten Aufstieg, als wir bei Hessen Kassel 0:2 verloren. Dort habe ich erlebt, was passiert, wenn es keine Bindung zwischen Mannschaft und den Leuten auf den Rängen gibt. Wut und Verzweiflung, eine Droge, vor der man nur weglaufen kann, sonst frisst sie einen. »Wir sind Schalker und ihr nicht« skandierte die Kurve mit tränenverschmierten Gesichtern. Wir sind Schalker und ihr nicht. Was bedeutet das? Das ist die Kündigung der Fans an die Mannschaft, das ist der Bankrott blau-weißer Spielkunst. Schalke 04, siebenmaliger deutscher Meister, zweimal Pokalsieger, Aushängeschild deutscher Fußballkultur mit Söhnen wie Kuzorra, Szepan, Tibulski, Fischer, Rüssmann und letztlich Thon, alles in den Wind. Aus! Oft, wenn ich später mit Schalke Triumphe feierte, denke ich an diesen Tag zurück, da relativiert sich dann einiges.

Nichtsdestotrotz fuhr ich tags drauf zur Geschäftsstelle, um meine Jahreskarte und meinen Mitgliedsausweis abzugeben. Charly Neumann erwartete die völlig aufgebrachten Fans, die wohl das gleiche vorhatten wie ich, am Eingang der Geschäftsstelle: »Jungs, tut uns das nicht an!« waren seine Worte und »Komm mal rüber, da steht der Abi Abramczik, der kann euch vielleicht was dazu sagen.« Ich sagte nichts zu Charly und nichts zu Abi, gab nur meine Dauerkarte und den Ausweis mit der Bemerkung ab, ich wäre zwar schon etwas alt und hätte auch eine gewisse Leibesfülle, aber wenn sie keine Leute mehr hätten, die kämpfen und in der ersten Liga spielen wollen, ich würde mir für Schalke noch mal die Schuhe anziehen. Helmut Kremers hörte gar nicht zu, und ich kam mir auch schon ziemlich blöd vor. Aber ich hatte wenigstens ein Zeichen gesetzt. Und wenn auch nur eines, womit ich einschlafen konnte.

Eine Woche danach kam ein Brief von Schalke 04 mit Dauerkarte und Mitgliedsausweis, einem Autogrammwimpel und einem Schreiben von Geschäftsführer Wehrmann. Und so kam es, dass ich den berühmten Schwamm aus der Schublade holte und drüberwischte.

1990 hatte ich natürlich wieder eine Mitgliederdauerkarte. Es war Leben in die Bude gekommen. Im Verein tat sich Gewaltiges. Kasperletheater früherer Tage gab es nicht mehr. Eine andere Qualität in gestärkten Hemden und mit Manschettenknöpfen machte sich breit.

Günter Eichberg war im Grunde kein schlechter Mensch. Er führte nur des Kaisers neue Kleider auf Schalke vor und niemand rief »Schaut her, der Kaiser ist doch nackt.« Er, der sich bestens bei Fisch-Fietje und in der Sansibar auf Sylt auskannte, war trotz aller

Unkenrufe auch ein Wegbereiter späterer Erfolge. Ein Schalker Herz hatte er allemal und er war wohl so, wie seine zeitweilige Lebensabschnittsgefährtin Gräfin Paas einmal melancholisch meinte: »Mein Günner ist ein Kamikaze.« Also doch ein Hoch auf seine Servietten-Verträge und persönlichen Abmachungen und neu gegründeten Marketinggesellschaften und was er sonst noch anstellte. Vorbei ist vorbei, und auf die zwei Millionen, die wir noch von ihm bekommen, haben wir ja auch verzichtet.

Mitten in jener Zeit starb Ernst Kuzorra. Auf all den Jahreshauptversammlungen in der Vergangenheit saß er stumm oben auf dem Podium, schaute in die Mitgliedschaft, und auch wenn die Versammlung noch so chaotisch wurde, sah man ihm keine Regung an. Die letzten Jahre war Ernst noch für jedermann ansprechbar, erst in seinem Lotto-Laden und bis zuletzt auch bei Bosch, der Vereinskneipe an der Glückauf-Kampfbahn. Die Gaststätte hat heute noch den hausbackenen Charme vergangener Tage, und irgendwie wird man das Gefühl nicht los, dass er noch immer irgendwo in einer Ecke sitzt.

Wenn um eine Legende getrauert wird, ist auch auf Schalke Ruhe angesagt, jedenfalls bei den Fans. Es ist ein seltsames Gefühl, jemand zu Grabe zu tragen, den man persönlich gar nicht kannte. Ja, gesehen und vielleicht früher mal bei ihm den Lottoschein in seinem Laden abgegeben, aber sonst wusste man nur von den Titeln und von ein paar Episoden. Und nun liegt er in der Kapelle, ein paar Meter unweit der Glückauf-

Kampfbahn, der personifizierte Schalke-Mythos. Es ist voll, ein Freund und ich kommen gar nicht mehr in die überfüllte Kirche. Aber es ist Vorsorge getroffen, mittels Außenlautsprechern werden Predigt und Gottesdienst übertragen. Während der Predigt schreitet Reinhard Libuda durch die doppelflügelige Kirchentür nach draußen. Er mochte wohl nicht weiter der Zeremonie beiwohnen. Libudas Mantel war eine Fellimitation aus den Siebzigern, und sein Abgang hatte auch dadurch etwas Djangohaftes. Damals sah ich ihn das letzte Mal in diesem Leben, er verließ diese Welt allzu früh, nur ein paar Jahre später.

Irgendwie redete ich mir auf dem Friedhof ein, dass ich auch für meinen Vater und Opa hier war, die hatten ja noch Kuzorras flinke Beine kreiseln sehen, und so gingen wir ein bisschen wehmütig über die Straße zu Bosch, um ein letztes Pils auf Ernst 04 zu trinken. Aber Schalke wäre nicht Schalke, wenn wir nicht einen Tag später aus der Zeitung erfahren hätten, dass Kuzorra zum zweiten Mal zu Grabe getragen wurde, diesmal mit Sonnenkönig Eichberg. Der hatte sich zur eigentlichen Trauerfeier verspätet, und nun wurde extra für die Presse noch mal die Beerdigung nachgespielt.

Auf einem Acker an der Grenzstraße hatten ein paar Freunde und ich in nächtlicher Aktion auf städtischem Grund Tore einbetoniert. Damit hatten wir endlich einen eigenen Platz, auf dem die neu gegründete Mannschaft »Gib mich die Kirsche (Schalke)« trainierte und spielte. Ein bunter Haufen von Leuten ab 15 bis hin zum 50-Jährigen gab jedesmal sein Bestes. Da reihten sich Mofafahrer, die mal gerade vorbeikamen und im Mofa-Outfit mitspielten, genauso ein wie Lokalkolorit in ausgedienten Fußballstiefeln. Irgendwie schafften wir es immer auf Turnieren den Fairnesspokal abzustauben und diesen wie einen ersten Platz zu feiern. Das verschaffte uns eine ungeahnte Popularität und Sympathie und schonte unsere Knochen. »Gib mich die Kirsche (Schalke)«, dieser Zusatz war wichtig, denn es gab noch ein Namensplagiat und Pendant in Krefeld. »Gib mich die Kirsche« wurde angeblich mal von Lothar Emmerich in einem wichtigen Europacupspiel kurz vor dem Sechzehner zu Sigi Held rübergerufen, und der passte dann auch wirklich rüber, und Emmerich drosch die Kirsche glorreich ins Netz. Dass dieser Spruch bei einem Vorortverein aus der Nähe von Lüdenscheid seinen Ursprung hatte, war in Schalke ohne Belang, Hauptsache er passte zu uns. Und wie er passte, ständig rief das ganze Team »Gib mich die Kirsche«, außer Kollege Sturny, der nicht müde wurde, in 90 Minuten mindestens 500-mal »außen, außen, außen« zu rufen, denn er spielte so etwas wie einen Außenstürmer, wenn man bei uns von Sturm überhaupt reden konnte.

Es war einfach wichtig, wieder auf dem Platz zu stehen. Die müden und etwas älter gewordenen Beine wieder mit dem Ball in Berührung zu bringen. Spaß war in erster Linie wichtig und oberstes Motivationsprinzip. Wir spielten Fußballturniere auf unserem Acker aus, die sich sportlich nicht von anderen Stadtteilturnieren unterschieden. Nur der Anlass war anders. So gab es den Nelson-Mandela-Pokal, da wurde für die Freilassung von Nelson Mandela gespielt, oder ein Turnier gegen den Abstieg von Schalke 04: »Nie wieder rote Laterne«. Klangreiche und glorreiche Vereine beteiligten sich an dieser Pöhlerei: Avanti Militanti, Vorwärts Bulmke, Fortuna Unglück (Ückendorf), Schwarzer Stern Wattenscheid (übrigens im Sturm mit Jörg Seveneik, Sat-1-Sportjournalist), Bueraner Lausbuben und viele andere. Wichtig war nicht, irgendeine Blumenvase in den Händen zu halten, sondern sich als Mannschaft gut zu präsentieren, eben halt gut zu kicken im Rahmen der Möglichkeiten. Nach dem Spiel saß man in den Nachmittag hinein bei Don Jupp im Las Tapas, aß spanische Spezialitäten und ärgerte sich über das schale Bier. Das machte unser Mittelstürmer Josef aber schnell wieder wett. Unter den Armen links und rechts bewaffnet mit zwei spanischen Schnapsflaschen, kreierte er neue Drinks. Legendär der Jäger 90. Danach ging's im Düsentempo ab nach Hause und unter die Dusche.

Die Mannschaft lief irgendwann auseinander, aber den Platz, den wir damals ausbauten an der Grenzstraße, den gibt's immer noch. Wenn ich daran vorbeifahre, gucke ich, ob die gelben Tore noch stehen und ob gerade gespielt wird. Es wird, und das beruhigt mich doch, dass die Kirsche wenigstens für einen wilden Bolzplatz in der Stadt verantwortlich ist.

Irgend etwas ist aber wohl zusätzlich noch hängen geblieben, bei manch einem von uns. Ein paar Spuren hat das Nelson-Mandela-Turnier hinterlassen. Nicht nur, dass ich sauer auf den Zahnarzt bin, der den Wanderpokal bis heute noch nicht rausrückt, um ihn, wie eigentlich vorgesehen, Mandela bei seiner Freilassung zu übergeben. Nein, auch Spuren bei Leuten, die gesagt haben, gut, engagiere ich mich für die Freilassung von Nelson mal anders. Mit einer Flasche Wein am Ende und mit Spaß und Sport. Scheiß was auf die Demos, die sowieso nur noch Treffpunkte und Rituale geworden sind. Wir gehen einen anderen Weg. Getreu der Devise »Kritik muss auch Spaß machen« und am wichtigsten is auf'm Platz. Fußball hat nicht nur was mit roten Zahlen zu tun, mit muschelschüppenden Präsidenten, Lena Valaitis, Erwin Weiß, Smokingzwang auf Winterbällen und Werbespots. Wenn sich zwei Teams auf dem Platz messen, dann stehen sie für etwas, darauf kommt es an. Steht »Gib mich die Kirsche« für Toleranz und Solidarität verschiedener Bevölkerungsgruppen untereinander, so steht Schalke für die Knappen, halt für eine Region, wo man weiß, dass die Formel für Arbeit noch Kraft mal Weg ist. Bayern München steht mit Sicherheit für etwas anderes. Auf jeden Fall, sagten wir uns, darf Fußball nicht für etwas stehen, mit dem er überhaupt nichts zu tun hat, für Werbestrategien oder als Sprungbrett in Politik und Wirtschaft.

In Schalke gab's in diesen Tagen Wechsel, die für die Zukunft entscheidend sein sollten. Rudi Assauer kehrte zurück, und die Mitgliedsbeiträge wurden um ein sattes Drittel erhöht, woran Assauer aber noch nicht beteiligt war. Eine Schachtel weniger in der Woche paffen, für Schalke, sagte unser Präsident Eichberg auf der Mitgliederversammlung, und der Rauch verzog sich schlagartig aus dem Saal. Der Haken war nur, ich war schon seit längerer Zeit Nichtraucher und rauche trotzdem seither eine Schachtel weniger.

Rudis Rückkehr, ein Happening für meine Halsschlagader. Als es auf Schalke verkündet wurde, stand ich auf der Holzbank und schrie mir die Lunge aus dem Hals. Rudi raus, und mein Zorn kannte keine Grenzen. Jemanden wiederzuholen, der mit Schimpf und Schande fortgejagt wurde, wo es auch noch finanzielle Unregelmäßigkeiten gab. Ich verstand die Welt in jenen Tagen und den Vorstand nicht. Ich hätte besser auf meine Oma hören sollen, die sicher gesagt hätte: »Wer ohne Sünde ist, werfe den ersten Stein« oder besser was Sepp Herberger einst zum Besten gab: »Ein Spiel dauert 90 Minuten.« Denn damals, erlaube ich mir zu sagen, war in Wahrheit gerade Anpfiff auf Schalke. Es sollte wieder aufwärts gehen.

Ganz im Gegensatz zur Stadt Gelsenkirchen. Viele Freunde verließen das Revier, ab in die Zentren Düsseldorf und Köln. Folgen der Arbeitslosigkeit, aber nicht nur: Der Spielraum für Kreatives schwindet. Die Stadtoberen haben vieles versäumt. Kulturelle Zentren und eine andere, sinnvolle Infrastruktur überlässt man den Nachbarstädten. Wir haben das Musiktheater, das kostet sowieso schon zu viel. Dass der Mensch auch gerne mal nach Feierabend vor die Türe geht, sehen diese Stadtgestalter nicht. Die Stadt blutet langsam aus, ein Nachtleben existiert nicht mehr. Die Buden (Trinkhallen) erleben Hochkonjunktur. Die Jogginghose plus Adiletten kriegen einen festen Platz im Stadtwappen, Hammer, Schlegel und der Löwe werden verdrängt. Im Nachbarfeld des Wappens macht sich langsam der Stromkasten mit der darauf platzierten Bierflasche breit. Die Stadt ist pleite und erlebt ihren Niedergang.

Weltmeisterschaften erlebt man bekanntlich am Fernseher. Die erste, die ich an der Glotze erlebte, endete 1966 mit dem Kracher Deutschland – England. Es war gerade ein Feriencamp der Pfadfinder in Gahlen, und wir sahen diesen Krimi mit 60 Leuten in einem großen Aufenthaltsraum. Das Wembley-Tor sorgte für große Depression nach dem Spiel. Wir gingen zur nahe gelegenen Quelle und stocherten mit einem Stock in den sprudelnden Sandhaufen, das war's. Vier Jahre später sah ich die WM zu Hause in Schalke vor dem Fernseher. Diesmal schon mit Schalker Beteiligung. Fichtel und Libuda waren dabei und es fielen gerade dann Tore, als Tante Miene auf der Toilette war. Die Folge war, dass sie in brenzligen Situationen und wenn es für uns um die Wurst ging, aufs stille Örtchen oder einfach nur aus dem Zimmer geschickt wurde. Genutzt hat diese Taktik leider nichts. Außer dieser grandiosen Stimmung und den La-Ola-Wellen, die erstmals dort gesehen wurden, gab es für uns nichts zu holen.

Die WM 1986 in Argentinien verfolgten wir bei Hannes in der Mansardenwohnung. Trotz mäßiger Leistungen kamen wir ins Endspiel, und ich besorgte vorsichtshalber eine Dreiliterflasche Magnum Champagner und legte sie auf Eis. Nach dem verlorenen Spiel zog ich frustriert, die Flasche Champus unterm Arm, von dannen Richtung Linie 301. Draußen entdeckte ich in einem Sperrmüllhaufen Leben. Eine junge Frau mühte sich, einen intakten Lattenrost freizulegen. Nach alter Kavaliersmanier half ich ihr dabei. Da standen wir nun auf dem Bürgersteig, 1 Kinderwagen, 1 Frau, 1 Mann, 1 Flasche Champagner und 1 Lattenrost. Kurzerhand bot ich mich an, ihr den Rost in die nahe Wohnung zu tragen. Oben in der vierten Etage angekommen, gab's Erfrischungsgetränke, und ich staunte nicht schlecht, als die junge Mutter meine Flasche erstmal weiterkühlen wollte.

Plötzlich klingelt es. Irgendwie bekommt man als Mann in solchen Situationen immer ein unbehagliches Gefühl. Wer da wohl kommen mag. Und schon steht er im Türrahmen, der rote Teddy, ein Fußballkumpel, mit dem ich gerade noch das Endspiel verfolgt hatte. Wir sehen uns beide an und grinsen. Die allein erziehende Mutter holt gerade aus der Küche Eis, so dass wir das Wichtigste untereinander klären konnten. Was machst du denn hier und woher kennst du eigentlich etc. Kurzum, wir ziehen Streichhölzer, ich gewinne, Teddy verabschiedet sich, und ich komme zu der Erkenntnis, dass es auch noch anderes Schöne gibt als Weltmeister werden. Die Flasche Magnum war seither tabu. Ich nahm sie morgens aus dem Kühlschrank und verabschiedete mich zum Brötchenholen.

Vier Jahre später sollte diese gleiche Flasche ihrer Bestimmung zugeführt werden. Nach den schlechten Erfahrungen in Hannes Mansardenwohnung, als seine Frau dauernd ein Gesicht zog und uns die Stimmung verdarb, beschlossen wir diesmal, uns mit dem Wohnmobil nach Italien aufzumachen und die WM direkt zu erleben. Doch es gibt Dinge im Leben, die klappen, und es gibt welche, da spielt der Faktor Frau eine Rolle. Beim Fußball jedenfalls ist dieser Faktor oft ein Hinderungsgrund. Also blieben wir in Schalke, aber beschritten andere Wege, uns vier Wochen Fußballurlaub zu gönnen. Theo hatte einen ziemlich großen, allerdings verwilderten Garten. Dazu gehörte ein alter Tauben- und Kaninchenstall, in dem sich jetzt die Mäuse tummelten. Hier, beschlossen wir, soll unser WM-Studio entstehen. So weit weg von den Wohnungen konnte man Kollegin Unmut aus dem Weg gehen.

Die Pflastersteine für den Boden holten wir von der alten Zeche Graf Bismarck direkt aus dem Straßentrottoir. Balken und Holz besorgte ein Zimmermann, und oben drauf kam Glas vom Mäzen. An die Wand malten wir das WM-Maskottchen Ciao. Und drinnen stand ein Mega-Fernseher, 97er Bildröhre, von Radio Schossier für einen Monat gemietet. Dass wir ein eigenes WM-Studio hatten, machte in Gelsenkirchen schnell die Runde, und so war es voll in unserem kleinen »italienischen« Erle. Jeden Tag gab es ein anderes Gericht. Meist eines aus dem Land, dessen Elf gerade spielte. Küchenarbeit und Auffüllarbeiten des Kühlschrankes arteten schon bald in Maloche aus.

Nun konnten wir ungestört fiebern. Spiele brannten sich ins Gedächtnis ein, Deutschland – Holland, da war Pfeffer drin. Rijkaard, der Völler anrotzt, und van Basten, der zusammen mit Gullit positiv beeindruckte. Dann Deutschland – England mit unserem Olaf. Olaf, der in Gladbach sein letztes Spiel für Schalke gemacht hatte und dessen Blick unvergessen ist, wie er sich noch mal umschaut und dann tschüss Schalke, ab zu den Bayern. Also, unser Olaf gegen Paul Gascoigne. Was für ein Spiel. Danach ging's mit dem Rad von Erle nach Schalke, alles hupte in der Stadt, und meine Fahrradklingel war am Ende nicht mehr zu gebrauchen, so hatte ich sie malträtiert.

Beim Endspiel Deutschland – Argentinien quoll der Garten über. In Einmachtöpfen kochten wir die Spaghetti Bolognese, und die Flasche Magnum lag auf Eis. Wir hatten den Rasen gemäht und viele große Tische aufgestellt, um diesem Ereignis einen würdigen Rahmen zu geben. Und immer wieder die Sätze: »Theo, und wir sind nicht da, wären wir bloß gefahren und hättest du bloß nich' wieder auf deine Frau gehört.« Aber was soll's! Die Toten Hosen waren mit ihrem Opel Rekord vor dem Olympia-Stadion in Rom vorgefahren und hatten »Azzuro« gesungen. Was soll jetzt noch schief gehen. Und Brehme läuft an: Tor. Aus. Vier Jahre alter Champagner ergießt sich über die Anwesenden. Deutschland ist wieder Weltmeister, und ich kann mich nicht satt sehen an den Aufnahmen im Anschluss an das Spiel im Olympia-Stadion. Ich wäre so gerne dabei gewesen.

Alle sind völlig aus dem Häuschen. Was jetzt? Es muss noch was passieren. In Windeseile sind ein paar fahrtüchtige Chauffeure ausgeguckt worden und es geht, alle aus dem Fenster hängend, in Richtung Innenstadt. Die »Gib-mich-die-Kirsche«-Fahne in der Hand, die rein zufällig die Farben von Kamerun hat. Rot-grün-gelb, auch eine Hommage an den unglaublichen Roger Milla, der es allen zeigte. Eine Deutschlandfahne zu schwenken hatte nichts Nationalistisches in dieser Nacht. Die Freude war unbeschreiblich, und es waren Fußballnationalfahnen, die geschwungen wurden. Der Konvoi durch die Gelsenkirchener Innenstadt: südländische Ausgelassenheit, die überschwängliche Leidenschaften freisetzte. Die Nacht verbrachten wir alle anschließend im Las Tapas, wo Josef diesmal mit sechs Flaschen Allerlei unterwegs war, bemüht, uns zu sagen, dass Spanien eigentlich dran gewesen sei. Wir ließen ihn reden, glucksten vor Freude und bissen in die Gläser, die uns Josef fertigmixte.

Nach der WM die übliche Entschlackungskur, zwei Finger in die Luft, kein Fettes, kein Alk und keine Eskapaden mehr. Innerliche und äußerliche Reinigung waren angesagt. Es waren ja nur noch ein paar Wochen und die Liga geht wieder los. Die neue Dauerkarte haftete selbstverständlich schon an der Magnetwand in der Küche. Es sollte endlich aufwärts gegen, auch auf Schalke.

Der Verein hatte tatsächlich die Talsohle durchschritten. Vor Eichberg gab es Zeiten, da war kaum noch

Geld für Waschpulver vorhanden. Immer noch muss das RWE auf die Begleichung der Stromrechnung warten, aber es geht voran, man spürt es ganz deutlich, Schalke will nach oben. In der Saison 1990/91 hat man wieder eine schlagfertige Truppe beisammen, und alle wollen es wissen. Auch die Zuschauer strömen. Peter Neururer muss das Handtuch werfen, einer der Trainer, wenn nicht sogar der einzige, der Schalke im Blut hat. Ristic kommt, erntet die Früchte und steigt rasant mit Schalke in die erste Liga auf.

Auf diesem Aufstiegsfest gab es für den königsblauen Anhang kein Halten mehr. Irgendwie war es klar, nie mehr zweite Liga und nie mehr Hessen-Kassel. In der Südkurve stand ein alter Sattelschlepper, auf dessen Bühne sich nach dem Spiel die Mannschaft präsentierte. Alles war noch ein wenig behelfsmäßig, die Erfahrung, dass es was zu feiern gab, fehlte ja auch aus den letzten Jahren. Eine Fangruppe forderte lautstark Kurt Brumme, der aber schon vor Jahren das Mikrophon an den Nagel gehängt hatte, und ließ Werner Hansch nicht zu Wort kommen. Wir wollen Kurt Brumme, und Hansch kommentierte später ja auch geile Tore in der Nähe von Lüdenscheid. Trotzdem war die Stimmung ziemlich ausgelassen. Ingo Anderbrügge kam ans Mikrofon, und was wir von ihm hörten, gefiel der Schalker Seele gut. Tod und Hass dem BVB. Puh, das aus einem Profimund, der auch noch zuletzt dort gespielt hatte. Das hatte was und sorgte nicht nur für Gesprächsstoff bei der Feier, sondern für Zündstoff bei dem nächsten Aufeinandertreffen.

Es war eine von diesen Feiern, bei der man ausprobiert, wie viel hineinpasst. In den Kneipen rings ums Stadion ging's hoch her. Niemand stand mehr auf dem Boden, getanzt wurde auf den Tischen und gesungen, was das Zeug hielt. »Blau und weiß ist ja der Himmel nur, blau und weiß ist unsere Fußballgarnitur.« Wie lange waren solche Feiern schon her? Hannes Schwester griff mich auf dem Weg zur Bahn im Unterhemd auf und fuhr mich summend zurück nach Schalke. Der Verbleib meines Trikots war am Morgen noch unklar, wie auch manches andere.

eingang zum schievenviertel

spielfeld in erle

das haus der großeltern in erle

treppenhaus in erle

haus des ev.-luth. gebetsvereins im schievenviertel

die schule in erle

bolzplatz »gib mich die kirsche« in schalke

schalker markt heute

blick von der berliner brücke

thyssen draht ag in schalke

zeche consolidation in schalke

glückauf-kampfbahn

stehränge im parkstadion

parkstadion

neubau der arena »auf schalke«

Der Griff zur Arschkarte

Die Zuschauer strömten nur so in die Stadien, vorne weg die Fans des FC Schalke 04. Die WM hatte einen regelrechten Boom ausgelöst und die Branche explodierte. Die privaten Fernsehanstalten beherrschten immer mehr den Fußball. War man bei RTL schon so manche Glosse und Posse gewohnt, sollte es noch knüppeldick kommen. Sat-1 übernahm die Berichterstattung über die Bundesliga. Unvergessen die rote Jeansjacke, in der sich Reinhold Beckmann erstmals präsentierte. Die Fullers, »Guten-Abend-allerseits«-Faßbender und der Beamten-Adler ade. Die Yuppies kamen und erklärten uns den Fußball neu. Einen Johannes B. Kerner kennenzulernen, hieß damals noch fußballerisch in die Grundschule hinabzusteigen. Aber es setzte sich durch: »The Show must go on«.

Gott sei Dank hatte man ja Augen. Und die sahen im Stadion, wie sich Schalke redlich mühte. Die Schwarz-Gelben wurden gleich mit 5:2 nach Hause geschickt. Luginger zirkelte von der Eckfahne direkt ein. Das war der FC Schalke 04, den wir sehen wollten.

Sie glichen schon einem Ritual, diese Samstage bei Heimspielen. Ich arbeitete bis ein Uhr in meiner Werkstatt, und dann ging's mit dem Fahrrad, den Schal umgeschlungen, Richtung Erle zu Theos Laden. Er hatte ihn mittlerweile übernommen und machte seit längerer Zeit in Obst und Gemüse und Blumen und Kränzen. Die Ladentür war schon verschlossen. Trotzdem war noch Hektik und der Laden noch voll. Leute holten ihre Wochenendbestellung ab. Blumengestecke wurden hergerichtet und einzelne Blumensträuße für daheim noch rasch gekauft und gebunden. Es war jetzt zwei, und es wurde ruhiger.

Theo nahm seine Schürze ab, was so viel hieß wie: Jetzt ist Schalke. Mittlerweile kamen viele Fußballkumpels in den Laden und bedienten sich an den grünen Kisten, dabei wurde gefachsimpelt, ob es heute klappt oder in die Hose geht. Halt, rief meist einer, wie sieht's aus mit unserer Tippkasse. Wer will noch mitmachen und was ist eigentlich mit Sascha Borodjuk los? Auf jeden Fall drängte immer die Zeit. Die Ladentür wurde verschlossen, und ab ging es ins Café Gauloise, die Straße hinunter, 200 Meter nur, und man konnte schon das Stadion hören. Günner im Gauloise stellt uns noch ein paar Willi-Becher hin, und dann kam die Hektik. Die Stimmung ist schon zu hören, und man selbst vibriert auch ein wenig. Weiß man doch, dass es jetzt losgeht. Die 500 Meter zum Stadion werden schnellen Schrittes zurückgelegt. Und dann, endlich, ist man drin, und alles fängt neu an. Das letzte Spiel ist Vergangenheit, in dem Moment, wo die Mannschaften einlaufen, werden die Karten neu vergeben. Anstoß! In 90 Minuten ist man schlauer. Oder auch nicht.

Nach einem dieser Samstagnachmittage ging's für mich per Fahrrad zurück Richtung Schalke. Victor, ein Freund, gebürtiger Südafrikaner, war mit uns zusammen im Stadion gewesen. Er wollte auch in die Innenstadt, und so fuhren wir gemeinsam die Crangerstraße hinab. Ich hatte es eilig, denn ich war noch für den Abend verabredet. Victor hatte ein Reifenproblem und verlangsamte die Fahrt. Irgendwie verloren wir uns, wegen der Ampeln und auch durch die paar Bierchen, die Wirkung zeigten. Victor setzte die Fahrt fort und war genau in einem kleinen Waldstück direkt vor dem Stadion von Erle 08. Ihm kommen ein Dutzend Kutten-Schalker reichlich angetrunken und grölend entgegen. Victor ging nur eines durch den Kopf: »Ui, ui, ui, ob das gut geht«. Er hatte höllischen Respekt vor betrunkenen Fußballfans, und dann in dieser Situation. Ringsherum grün, er selbst nicht ganz nüchtern und die Panik, rassistisch angemacht zu werden. Er tritt in die Pedale, was das Zeug hält, um an den Schalkern vorbeizufahren, kommt prompt vom Weg ab, der Reifen knallt an die Kante der Fahrbahnbegrenzung, und Victor segelt Kopf voran über den Lenker und kommt mit dem Kinn zuerst auf. Knock out, rien ne va plus, Finsternis und Trance.

Victor schlägt die Augen im Krankenwagen wieder auf. Rings um ihn Kutten-Schalker, die aufgeregt fragen, ob alles klar ist und dass man das Rad verschlossen an einem Laternenpfahl angekettet hat. Die Schalker fahren mit bis in die Klinik, wo Victor sofort genäht wird und eine lebenslange Erinnerung an seinem Kinn behält. Ein richtiger Schalker ist er nie geworden, trotz der Begebenheiten im Wäldchen vor Erle 08. Die Einflüsse des Jazz verdrängten jegliche Fußballleidenschaften. Er wäre eh nie nach Meppen gefahren, eher schon nach Moers.

Man hörte aber auch andere Stimmungen in jener Zeit. Zum Beispiel diese Urwaldgeräusche, die es gegen den Wattenscheider Sudanesen Suleyman Sane im Stadion gab. Diese »Asylanten-Asylanten«-Rufe kotzten einen schon seit geraumer Zeit an. War Victor nicht auch als Asylant hier angekommen, und das nach einer sechs Jahre andauernden Flucht aus Südafrika? Er hatte seine Heimat mit vier Freunden verlassen, von denen zwei unterwegs umkamen. Weiß denn keiner von den spinnerten Rufern, was Vertreibung, Flucht und Ankommen in einem fremden Land bedeutet? Sie hätten alle mal drei Kilometer weiter sich im Schievenviertel von den Marcinowskis Unterricht in diesen Dingen geben lassen sollen.

Genau in dieser Zeit gab es eine Radiosendung im WDR über Hooliganismus und Fanzines in England. Begriffe und Tatsachen, von denen ich noch nie gehört hatte, veranlassten mich, sofort den Aufnahmeknopf des Kassettendecks zu betätigen. Ich konnte es nicht glauben, dass ein Fanmagazin (»When Saturday Comes«) eine Auflage von 40.000 Stück hat und antirassistische Kampagnen durchführt. Oder dass der Name Hooligan von einer Familie stammt in Irland, die diesen Namen trug und die sich, ob Mutter, Vater, Tochter, Sohn untereinander so prügelten, dass man sagte, die sind wie die Hooligans. Ich wurde nicht müde, meinen Kumpels davon zu erzählen. Wir sind uns erstmal alle einig, das ist England, so etwas gibt's in Deutschland nicht. Hier ist die Vereinzelung der Fans zu fortgeschritten.

In den folgenden Wochen wurden die Urwaldgeräusche und die Bananenwerfer im Stadion immer dreister. Asylantenrufe mittlerweile Standardgesang der Kurve und hinter uns im Block C, ein immer dreister werdender Mob, der einem mittlerweile jedes Spiel vermasselte. Dann kam Rostock. Ein von Vietnamesen bewohnter Häuserblock wurde vom deutschen Pöbel regelrecht angegriffen und mit Molotow-Cocktails in Brand gesteckt. Das Entsetzen der Bewohner wird von den Kameras in die bundesdeutschen Wohnzimmer fast live übertragen. Die Polizei steht dabei und wartet auf die Feuerwehr, die man aber vorsorglich erstmal nicht gerufen hat. Ein Mann Mitte 40, das Deutschland-Trikot an, steht mit einer zum Hitlergruß erhobenen Hand inmitten der Menge. Seine Jogginghose ist im Genitalbereich durchnässt. Das Bild geht um die Welt.

Am darauf folgenden Spieltag rastet der Pöbel hinter uns völlig aus. Super Rostock und das muss auch hier passieren, das waren noch die harmlosesten Dinge, die die Runde machten. Es ist kurz vor einer Schlägerei drei gegen fünf, aber die Wut über diese Hohlköpfe und über die schweigenden Leute rundherum nehmen wir mit in die Kneipe. Detlef, ein in Köln lebender Schalker, gesellt sich zu dieser Runde. Wir sitzen im Vasco da Gama, einer portugiesischen Kneipe, und sind uns alle einig. Das Maß ist voll, so kann es nicht weitergehen. Jetzt ist Schluss mit lustig. Wir lassen uns das Spiel nicht von diesen Idioten kaputt machen.

Einige Wochen später ging's dann los. Wir haben auf eigene Kosten 15.000 Flugblätter drucken lassen, obendrauf ein selbstgestaltetes Logo: ein Fußballstiefel, der ein Hakenkreuz zertritt. Als Vorlage musste das Bein von Ulf Kirsten herhalten; auf dem »Kicker«-Foto hatte er die beste Position für einen dynamischen Schuss. Eine glückliche Fügung, dass an diesem Spieltag der Dachverband aller Schalker Fanklubs seine Jahreshauptversammlung im Kolpinghaus Schalke abhielt. Keiner von uns hatte vorher etwas mit Kutten oder Fanklubs zu tun gehabt. Das war nicht unser Ding, das brauchten wir ja nicht, und es ging ja auch ohne prima. Berührungspunkte zu dieser Szene gab es nicht, und so war es auch ein Sprung ins Ungewisse, als wir unser Anliegen und Flugblatt vorstellten. Die Reaktion war durchaus positiv, und so schnappten sich bei Beendigung der Versammlung viele Kutten die abgepackten Flugschriften, um sie am Stadion zu verteilen. Wir hingegen trafen uns unten auf der Tartanbahn im Stadion, um unser großes Transparent zu zeigen: »Schalker Fans gegen Rassismus«. Diese Aktion war auch die erste, die mit dem Verein telefonisch abgesprochen wurde.

Da stehen wir nun, unten im Stadion, das Transparent in der Hand. Eichberg und so manch anderer Prominente stellt sich dazu und lässt sich ablichten. Die Fotoapparate klicken eine unerträglich lange Zeit. Plötzlich laufen wir los. Keiner weiß eigentlich, wer damit angefangen hat, aber wir laufen vom Marathontor aus Richtung Nordkurve. Die Spieler machen sich schon warm. Anderbrügge huscht an uns vorbei, doch uns zieht es wie ein Magnet in die Nordkurve. Was nun? Knisternde Spannung und dann die Erlösung. Die Kurve aus einer Kehle, wohl auch aus Verlegenheit: »Wir scheißen auf den BVB!«. Das war uns natürlich auch wichtig. »Nazis raus« wäre uns lieber gewesen, aber wir konnten auch nicht alles an einem Tag erreichen. Wir befestigten das Transparent in der Kurve und machten uns auf dem geradesten Weg hin zur Bierbude, um das Erlebnis noch einmal Revue passieren zu lassen.

Montag morgen schloss ich meine Werkstatt wie gewohnt auf. Nichtsahnend ging ich zum Telefon, das läutete. Dort verbrachte ich die nächsten sechs Stunden, bevor ich dazu kam, den Anrufbeantworter abzuhören, der übers Wochenende eingeschaltet gewesen war. Was da auf uns zukam, kann man nicht beschreiben. Hunderte von Adressen wurden notiert. Sympathiekundgebungen bis hin zu den Angeboten mitzumachen und sich zu engagieren. Für die nächsten Tage hieß es Arbeit ade und telefonieren, bis die Ohren heiß sind. Zig Schalker wollen sich treffen mit uns. Ganze Fanklubs zeigen ihre Solidarität und die Bereitschaft, sich einzubringen. Die Presse läuft Amok. Die Zahl der Interviews ist nicht mehr nachvollziehbar. Es ist eine Zeit, wo das Essen und das Bett keine Rolle spielen.

Wir trafen uns jetzt regelmäßig und beschlossen, uns als Verein zu gründen. Sieben Leute unterschrieben ein Papier, und sie war geboren, die Schalker Fan-Initiative e.V. »Schalker gegen Rassismus«. Rings-herum auf einmal neue Leute, Petra, die Kassenfrau, die bei der Flachglas in der Buchhaltung arbeitete, Ulla, die Zahnmedizin studierte, Peter, der Angestellten Computer nahe bringen soll, Astrid aus der Feinkostbranche, zuständig für Schnittchen und, und, und. Aber nicht nur aus Gelsenkirchen meldeten sich Schalker, da gab es Stuart vom Fanklub Altmeister Krefeld oder den gesamten Fanklub Unna 87, der sich uns anschloss, der Knappe Sieg aus Köln und natürlich Hannes, der damals mit 70 unser ältestes Mitglied war vor Benjamin, der mit neun Jahren der Initiative beitrat. Es gab auch Exoten, wie unseren Drucker Volli, der eigentlich vom Fußball nur weiß, dass man nicht reinbeißen darf und der aufgrund der Gnade der auswärtigen Geburt Frankfurter ist. Bei uns ist er nur Mitglied, weil wir uns den Antirassismus auf die Fahnen geschrieben haben.

Die Ini wächst, und immer mehr kehrt »Normalität« in der Arbeit ein. Die Aktionen werden von vielen getragen. Es war ein neues Flugblatt mit den Schalker Spielern geplant. Der jetzige Trainer Schulte unterstützt nicht nur, sondern formuliert auch mit. Zusammen mit dem Mann, der jetzt in der Nähe von Lüdenscheid ein Tor hütet, mit Andy Müller und Yves Eigenrauch verteilen wir dieses Flugblatt in der Gelsenkirchener Innenstadt. Für manchen Spieler auch der Anfang einer Zusammenarbeit für die nächsten Jahre. Das ist schon ein Dingen. Da steht man mit den Spielern von Schalke 04 und verteilt Flugblätter gegen

Rassismus in der Innenstadt. Genau das wollten wir ja demonstrieren, dass es ein anderes Schalke gibt.

Aber es gibt auch das erste Mal Ärger mit dem Verein. Schließlich haben wir nicht um Erlaubnis gefragt, dieses Flugblatt zu verteilen. Die Reinigungskosten des Stadions will man uns in Rechnung stellen. Man ist unsere Eigenmächtigkeit leid und wünscht, dass wir uns integrieren lassen in die bestehenden Fanorganisationen.

Eine Woche später ruft uns der Verein ein zweites Mal an, verblüfft uns, weil er uns bittet, das Flugblatt erneut, diesmal auf Kosten des Vereins zu drucken und zu verteilen. Was ist passiert? Ein Schalker Bollo namens Christian hat gemeinsam mit zwei anderen Typen in Solingen ein von Türken bewohntes Haus angesteckt. Fünf Menschen verbrennen. Anschließend ist er in aller Seelenruhe nach Köln gefahren, um sich das Spiel Köln – S04 anzuschauen. Er wird noch am gleichen Abend in der Kutte von Schalke 04 verhaftet. Diese Bilder gehen über alle TV-Kanäle.

Wir verteilen unser Flugblatt, was eine noch größere Reaktion bei den Fans auslöst. Bekannte von Christian, die mit ihm zu den Spielen gefahren waren, schließen sich der Ini an. Es ist für viele ein Signal sich einzumischen und den Rufern und Stunkmachern im Stadion Paroli zu bieten. Die Ini ist aus der Fanszene von Schalke nicht mehr wegzudenken.

Schwierige Entscheidungen stehen an. Wohin wollen wir und vor allem, was wollen wir? Fanverwaltung, wie der Dachverband es tut, eine Art Betreuerfunktion, das liegt uns nicht. Wir wollen keine Betreuer sein, keine Unterhaltung organisieren, Festzelte oder Fanturniere. Diese Sparte füllen Gott sei Dank andere aus. Wir wollen, dass Fans eine andere Rolle spielen außer der des Betrachters. Auf uns stürzen Themen ein, um die sich noch niemand gekümmert hat. Teils sind sie unbequem, und teils bringen sie unweigerlich die Konfrontation mit dem Verein mit sich. Können wir denn nicht lachend, Witze machend, nett plaudernd mit der Vereinsspitze uns arrangieren und integrieren lassen, wie es doch offensichtlich der Wunsch ist? Oder einfach eine Schmeichel-Speichel-Rede auf der Jahreshauptversammlung halten und dann beim Verein anstellen lassen? Nein, stattdessen heißt es unentgeltlich sich die Wochenenden um die Ohren hauen und finanzielle Einbußen hinnehmen. Ganz zu schweigen vom technischen Equipment unserer Computerfreaks, das sie für ihre Layout-Arbeiten brauchen.

Also haben wir sie schon wieder in der Hand, die Arschkarte. Es ist wie ein Magnet, der Griff in die hintere Tasche.

»Ein Schalke-Fan, der will in den Wiener Wald gefahren werden, saufen, sich auskotzen, anschließend zum Stadion und dann nach Hause. Und nicht was ihr da vorhabt.« So erklärte es uns auf einer Zusammenkunft von Schalker Fan-Gruppen einer der größten Profifans (wobei diese Bezeichnung nicht böse gemeint sein soll, wir sind ja mittlerweile auch welche). Mit Volkesstimme kann man bequem leben, sagten wir uns und widmeten uns unverdrossen fanpolitischen Interessen. Ein neues Medium musste her, wurde von vielen gefordert, und es war wohl an der Zeit, der Wiener-Wald-Philosophie zu widersprechen. Das »Schalke Unser« wurde geboren. Die Namensgebung fiel wirklich schwer, erst sollte das Fanmagazin »Tibulski« heißen. Ein so schön typischer Name aus dieser Region, der spielte auch früher auf Schalke und hob angeblich nicht den Arm zum Hitlergruß. Dies ließ sich aber nicht zweifelsfrei beweisen. So blitzte noch der fürchterliche Name »Blaulicht« auf, und übrig blieb das »Schalke Unser«.

Großkotzig starteten wir mit einer Auflage von 2000 Exemplaren, ein paar Seiten im Kartoffeldruckverfahren auf Vollis altersschwacher Offsetmaschine. Alles lachte sich einen Ast. Der Verein schmunzelte und viele meinten, jetzt seid ihr völlig übergeschnappt. 2000 Stück, und wer liest denn sowas? Vier bis sechs Leute korrigierten, die anderen vier diskutierten und Peter wurde langsam Computerheld, dazu noch drei bis vier vom Knappen Sieg aus Köln, die mit ihrer Witzigkeit und humorvollen Art jede Redaktionssitzung zum Ereignis machten. Jedenfalls kam etwas dabei herum, und die erste Auflage wurde komplett verkauft, aber wichtiger waren die neuen Kontakte und die Leute, die uns bestärkten weiterzumachen.

Es ist schwer, etwas Neues zu etablieren, noch schwerer, es zu halten und fast unmöglich, die Sache zu beenden, wenn die Akzeptanz da ist. Das »Schalke Unser« wurde ein Selbstläufer, die Nummer Zwei sowieso, denn da war ein Pin-Up-Mann, nämlich Charly Neumann, im Innenteil. Der wurde in nächtlicher Handarbeit vom Franken Olli, dem fantastischen Volli und meiner Wenigkeit (und nicht zu vergessen einem Kasten Schneider-Weiße) nach »Playboy«-Art ins Heft eingetackert.

Das ist halt das »Schalke Unser«, eine Zeitung, die anders ist als alles, was es auf dem Markt gibt. Da ist schon mal Selbstironie dabei, eine Sache, mit der in dieser Branche wie mit Dynamit umgegangen wird, wenn man damit überhaupt umgeht. Plötzlich finden wir uns alle im Zentrum der Fanbewegung wieder. Man kennt uns jetzt und erwartet von uns weitere Taten. Auf einmal muss das, was flapsig als Fanzine, als witziger Versuch begann, viermal pro Saison erscheinen. Werbekunden müssen entdeckt werden, was wirklich nicht einfach ist für eine antirassistische Fanzeitung. Dass wir gelesen, ja sogar weitergereicht werden, ist zwar Fakt, doch stört viele Unternehmen unsere politische Ausrichtung. Da kann man noch so gut sein, noch so gelesen und geliebt werden, die Pressemappe noch so dick sein, in diesem Land zählt Trallala und im Fußball sowieso.

Wir verkauften vor den Jahreshauptversammlungen unser Heft und erlebten so manche Anekdötchen. Helmut Kremers wollte auf der Versammlung, wo er zum Präsident gewählt wurde, ein »Schalke Unser« umsonst haben. Als es hieß 99 Pfennig, sonst geht nichts, sagte er nur zickig: »Lady Di und Prinz Charles haben auch nie Klimpergeld dabei.« Was aus Lady Di geworden ist, brauche ich hier wohl nicht weiter zu erläutern.

In dieser Zeit wurde die Ini medienmäßig ziemlich abgefeiert. Fast jede große Sendeanstalt brachte was über die Fans, die nicht nur Halleluja rufen, sondern sich gegen die aufkommende Kommerzialisierung im Fußball wenden. Die Versitzplatzung schreitet ständig voran und ist kaum noch aufzuhalten. Der DFB sagt, wir sind ja auch für den Erhalt der Kurven und der Stehplätze, aber uns sind die Hände gebunden. Die UEFA ist schuld, das sind ihre Richtlinien. Wir haben ja auch nur das gleiche Stimmrecht wie Moldawien.

Also fuhren zig Schalker und Delegationen von anderen Vereinen mit einem Bus (den übrigens Schalke 04 zahlte) nach Genf zur UEFA-Cup-Auslosung, um dort unser Anliegen vorzubringen. 70 Fußballfans rollten ihre Transparente direkt am Genfer See aus und ließen sich von der UEFA mit Bratwürstchen vollstopfen. Dann erklärte man uns, dass die UEFA uns sehr wohl versteht und unser Anliegen teilt, aber dass diese Sache nicht in der Kompetenz der UEFA liegt. Die FIFA hätte dies beschlossen und es wäre auch dort Chefsache und leider könne man uns nicht weiterhelfen und wir hätten diesen weiten Weg wohl umsonst gemacht. Wir fuhren noch einmal mit der Genfer Bimmelbahn an der Uferpromenade entlang, sangen »You'll never walk alone« und fuhren nach Hause, mit der Gewissheit, wieder mal mit der Lanze Richtung Windmühle unterwegs gewesen zu sein.

Aber auf'm Platz, wo es ja am wichtigsten ist, da ging es steil bergauf. Langsam formierte sich auf Schalke eine Truppe, die was bewegen wollte. Olaf Thon spielte seit geraumer Zeit wieder in unseren Reihen, und die paar Nächte, die er wieder auf Kohle schlief, schienen seiner Spielleidenschaft gut zu tun. Yves Eigenrauch reifte, Thomas Linke verstärkte unsere Abwehr. Jens Lehmann mit dem Ehrgeiz eines besessenen Torwarts, und nicht zu vergessen Martin Max, der, wie sein früherer Arbeitgeber Rolf Rüssmann versprach, auf Schalke noch explodieren würde. Und dann dieser Holländer Youri Mulder. Ein Stern in der Mannschaft und ein Lichtblick auf Schalke. Es wurde wieder in Ruhe geplant und aufgebaut auf Schalke. Das Zauberwort hieß Kontinuität und Beharrlichkeit. Serviettenverträge und dubiose Praktiken gab es nicht mehr auf Schalke. Der Handschlag zählte wieder, und eine fast schon nicht mehr erträumte Loyalität hielt Einzug. Der neue Präsident hieß Günter Rehberg, er brachte nun auch offiziell Ruhe und Solidität in den Verein.

Die Auflage des »Schalke Unser« klettert auf 4000, auf 6000, auf schließlich 8000 Hefte, und die Arbeit ist kaum noch zu bewältigen. Es gibt jetzt häufige Treffen mit dem Verein, der langsam das Trauma ablegt, bakuninische Bombenleger in seinen Reihen zu haben. Ich will nicht sagen, dass der eine oder andere nicht noch Herpes an den Lippen bekommt, wenn er uns sieht. Aber richtige Liebe wird es wohl auch unter einigen von uns nicht geben, allzu verschieden sind die Welten, in denen wir uns bewegen.

KAPITEL 5

Ein Stück vom Rasen

Auf dem Rasen explodierte die Mannschaft, und es kam zu einer dieser schicksalsreichen Partien, die auch meine private Situation ändern sollte, dank Schalke 04. Ich war seit 17 Jahren selbständiger Möbelrestaurator und hatte meine Werkstatt im Stadtteil Bismarck. »Anno Tobak«, eine Firma, die ihren Mann ernährte. Irgendwann in den letzten zwei Jahren wechselte der Hausbesitzer meiner Werkstatt, dieser Sachlage schenkte ich wenig Bedeutung. Hätte ich aber! Denn so machte Schalke 04 einen Weggang aus dieser gewohnten Welt möglich.

Ich war mir sicher, dass die Blauen es diese Saison schaffen, so konstant und mannschaftlich geschlossen waren sie seit was weiß ich für Jahren nicht, und mein Vermieter kokettierte mit meiner Schalkeverrücktheit. Wir wetteten, dass, wie ich sagte, die Schalker in den UEFA-Cup kommen sollten, um sage und schreibe 500 Mark. Ein Betrag, der auch hier im Ruhrgebiet erst mal erarbeitet sein muss. Und dann der vorletzte Spieltag, Schalke gegen Bayern. Thon macht, nachdem er nicht weiß, wen er anspielen soll, 25 Meter vor dem gegnerischen Tor, macht er das, was alle in solchen Situationen raten, er drischt das Leder zum 1:0 unhaltbar ins Tor. Kurz vor der Pause eine Unachtsamkeit, und es steht durch Strunz 1:1, danach gibt man sich eigentlich mit der Punkteteilung zufrieden.

Aber dann kommt die 89. Minute. Ich war zu diesem Zeitpunkt auf der Tartanbahn, das Transparent abzuholen, das immer in der Nordkurve hing. Ich sehe nur, wie Andy Müller hochsteigt und mit dem Kopf dem Leder eine wunderbare Flugbahn gibt, der Ball zappelt unhaltbar im Tor. Schlußpfiff, aus!

In diesem Moment befinde ich mich schon auf den Armen eines vielleicht 70-jährigen Ordners, der nicht weiß, ob er zusammenbrechen oder mitschreien soll. Wir führen einen wilden Tanz auf, wie wohl fast alle in diesem Moment. Den ersten, den ich richtig wahrnehme, ist Steiniger, damaliger Pressechef, der tatsächlich mal lacht. Um ein Haar wäre ich ihm auch auf den Arm gesprungen, aber wer ihn kennt, der weiß, dass man das nicht so ohne weiteres tut. Der Pressemann war auch gleich in Beschlag genommen worden von jemandem, der tatsächlich meinte: »Ja, jetzt müssen wir uns bald mal zusammensetzen über die Vermarktung unseres Wahnsinnsproduktes.« Das Wahnsinnsprodukt war das Erreichen des UEFA-Cups, und dass es sich hier um einen Sponsor gehandelt hat, war mir klar. Aber auch bei mir zeigten sich die Dollarnoten in den Augenwinkeln. UEFA-Cup, ich hatte meine Wette gewonnen, 500 Mark bar auf die Kralle! Das Transparent geschnappt und bloß weg vom Innenkreis, die ersten rasten über die Zäune. Die Dämme brachen überall. Tränen, Jubel, unbeschreiblicher Jubel und Stolz verschafften eine Menge Gänsehaut. Dass die Bayern geschlagen wurden, war nebensächlich. Wir sind im UEFA-Cup, und das aus eigener Kraft. Solche Jubelorgien, es ist lange her im Parkstadion, dass es so etwas zu feiern gab.

Der Rasen hat sich aufgelöst. Ich habe noch nie gesehen, dass ein Rasen sich in so kurzer Zeit aufrollen lässt. Auch die Tore sind in Mitleidenschaft gezogen, alles an obskure Souvenirhändler, die später ihre Ware quadratmeterweise im Bahnhof feilbieten sollten. Die Mannschaft über dem Marathontor, ein Haufen ausgelassener Fußballfans, keine Fußballprofis, die wohl gerade begreifen, was da auf Schalke passiert ist; nach 19 Jahren endlich wieder UEFA-Cup.

Eine Stunde mindestens wurde noch gehüpft und gefeiert, dann ging es Richtung Hauptbahnhof, wo eine lange Polonäse ihre Windungen zog. Mittendrin der Fanklub Kammen Bär, einer, der die Trinkfreudigkeit erfunden hat und der sich schon allein durch das Zehn-Kilometer-Bierkastenrennen von anderen Fanklubs unterscheidet. Tanne, ein besonders aktives Mitglied dieser Truppe, hatte auf seinem Rücken ein quadratmetergroßes Rasenstück, das er in gebückter Haltung, eingereiht in die Polonäse, ausbalancierte. Jeder, der ihm ein Pils in die Hand drückte, durfte sich an diesem Stück bedienen. Es waren eine Menge Pils, die Tanne in jener Nacht trinken musste.

Aber es war für alle eine Nacht, die kein Ende nahm. Jeder weiß bis heute, was er in jenen Stunden tat, so gegenwärtig war der Einzug in einen europäischen Wettbewerb. Ich musste zehn Mark zahlen wegen Verunreinigung des Hauptbahnhofes. Plötzlich in der Nähe einer Wand standen zwei Bahnangestellte hinter mir und baten zur Kasse. Ich zahlte, und am anderen Tag schämte ich mich schon, dass ich die ersten zehn Mark von meinem Wettgewinn so leichtfertig hatte abdrücken müssen.

Nachdem es langsam sackte, dass wir nach 19 Jahren dabei waren, ging ich daran, meinen süßen Wetteinsatz einzufordern. Da sollte ich dann allerdings nicht den freundlichen italienischen Pfannekuchenhersteller kennen lernen, sondern meinen Vermieter, der sich so über seine Ehrenschuld ärgerte, dass es zum Zerwürfnis und Beendigung des Mietverhältnisses kam. Übrig blieb die Einsicht, dass solch kriegerische Auseinandersetzungen nur für den Arsch sind.

Schalke war also im UEFA-Cup, und die Fan-Ini hatte große Pläne: einen Fan-Laden, Anlaufstelle für alle Fans und Treffpunkt für die Ini, dazu ein eingebauter Fanartikel-Shop. Wir rechneten, analysierten, malten Skizzen und ließen uns beraten, kaufmännisch und betriebswirtschaftlich. Und kamen zu dem Ergebnis, das kann nie klappen. Bei der dünnen Kapitaldecke einen Hauptamtlichen finanzieren plus Nebenkostenapparat, dat geht nich! Also wurde beschlossen: »Wir machen et!« Und dann legten wir los, schließlich wollten wir mit dem UEFA-Cup-Start der Blauen dabei sein. Viele Ini-Mitglieder halfen selbstlos beim Streichen, Tischlern und beim Installieren von Sanitäreinrichtungen. Firmen sponserten ein wenig, vor allem Ulli mit seinem Baumarkt, ohne den wir es

wohl nie geschafft hätten. Innerhalb von zwei Mona-
ten war der Laden fertig.

Günter Rehberg hielt dann tatsächlich die Eröff-
nungsrede, der Präsident hatte übrigens dafür gesorgt,
dass wir beim Verkauf von S04-Fanartikeln finanziell
nicht in die Röhre blicken mussten. Aber das, was uns
wirklich half, das waren die eigene Kraft und ein Be-
nefizkonzert, zu dem sich drei Schalker Gruppen, die
Lokalmatadore, die Ruhrpottkanacken und die Diva
aus Schalke einfanden. Das gab's noch nie, ein vor-
weihnachtliches Punk-Fußballkonzert. Wir hatten damit überhaupt keine Erfahrung, und so fraßen uns Kosten auf, die wir auf späteren Konzerten vermeiden
konnten. Auf jeden Fall ging unser sauer verdientes
Geld für Kinkerlitzchen drauf. 600 Leute in der Kaue,
einer ehemaligen Zeche in Gelsenkirchen, tanzten, sof-
fen und was weiß ich, zu der Musik von Fisch und
Konsorten. Erstmalig und exklusiv für den Fan-Laden.
Der Veranstalter meinte nur, wenn das ohne Schäden
über die Bühne geht mit dem Publikum, dann werde
ich Mitglied eurer Initiative. Er wurde es tatsächlich.

Wir hatten schon seit längerer Zeit ein Fan-Aus-
tauschprojekt mit Lech-Posen eingestielt. Inzwischen
besaßen wir den Laden, aber noch gar kein Mobiliar,
dieses ließ sich aber aus dem Café Central ausleihen.
Da saßen wir nun auf gepumpten Gartensesseln, die eigentlich für die Sommersaison draußen gedacht waren,
und warteten auf die Fans aus Lech-Posen. Den Kontakt hatte Bernhard geknüpft, ein waschechter Schal-

ker, der in Frankfurt an der Oder lebte und dort den ersten deutsch-polnischen Schalke-Fanklub gründete. Mit ihm war es Liebe auf den ersten Blick. Er hatte einfach genau das, was wir in der Ini auch über alles schätzen: Herz, Kopf und Bauch schlugen für den FC Schalke 04.

Und dann kamen die Lech-Fans am Bahnhof an: 30 Kerle, fast jeder um die 1,90 m, und wer nicht so groß war, war mindestens so breit wie groß. Kurzgeschorenes Haar und ein Outfit, was nur einen Schluss zuließ: Hooligans. Das hatten wir uns anders vorgestellt, unseren Fanaustausch, so mehr back to the roots, und Kontakte hin nach Polen, woher nicht nur mein Opa stammte. Die Begrüßung blieb etwas kühl, allzusehr war ich beschäftigt mit meiner Kinnlade, die auf der Erde schleifte, und ich dachte nur oi, oi, oi.

Aber wir haben es in fünf Tagen wirklich geschafft, eine warmherzige Beziehung untereinander herzustellen. Wir referierten und erzählten uns über unsere Vereine und über unsere Städte so manche Dinge, die uns unweigerlich näher brachten. Yves Eigenrauch kam abends vorbei, und wir hatten einen wirklich angenehmen Plauderabend über Profitum in Deutschland und in Polen. Martin und Bernhard übersetzten so grandios gut und schnell, dass man sie überhaupt nicht bemerkte. Es ist ein irres Feeling, mit jemandem zu diskutieren, ihm in die Augen zu schauen, seine Antwort aber aus einer anderen Richtung zu bekommen. Es ging so weit, dass Diskussionen, die mehr als vier Stunden dauerten, mit der völligen Erschöpfung unserer

Dolmetscher endeten. Danach half nur noch der mitgebrachte selbst gebrannte und verschnittene Wodka.

Höhepunkt war natürlich der Spielbesuch, und es geht auch noch gegen die Mannschaft aus der Nähe von Lüdenscheid. Also mit der Straßenbahn zum Stadion. Uszol und ich unterhalten uns per Dolmetscher. Er ist verwundert, dass die Fangruppen so friedlich vermischt in einer Bahn zum Spiel fahren. In diesem Moment fängt direkt vor mir ein etwa 20-Jähriger mit einem Liedgut an, das mir die Zornesröte ins Gesicht treibt. Seelenruhig plärrt er: »Und wir bauen eine U-Bahn – von Dortmund bis nach Auschwitz.« Uszol schaut mich an und fragt über den Dolmetscher, was das war mit Auschwitz. Ich erkläre das Lied, und 220 Pfund, über 2,00 m verteilt, setzen sich in Bewegung Richtung Schalke-Fan. Uszol redet in Polnisch auf ihn ein, bevor der Dolmetscher überhaupt folgen kann. Endlich kommt die Übersetzung. Was weißt du von Auschwitz. Ich wohne 40 Kilometer entfernt von Auschwitz, ich geb dir gleich Auschwitz und so weiter. Der Schalker Fan versinkt, soweit es in der Bahn möglich ist, in den Stahlboden und sucht Schutz bei einem ebenfalls nicht gerade kleinen Oberlippenbartschalker. Doch auch der erkennt schnell seine Lage und fängt an zu beschwichtigen, wo es nichts zu beschwichtigen gibt. Die Situation entspannt sich ohnehin, weil die Bahn am Parkstadion angekommen ist. Vielleicht hatte diese Begebenheit bei den Beteiligten Langzeitwirkung; das Spiel allerdings war eines von denen, die ein Mäntelchen des Schweigens verdient haben.

Langsam merkten wir, wie falsch das Bild von Hooligans ist, das wir haben. Hinter all diesen mutierten Schlägermaschinen stecken Menschen voller Leidenschaft und Liebe für ihren Verein. Die Gehirnwindungen, die sie zu gefährlichen Gewalttypen machen, werde und will ich nicht verstehen. Ich höre aber auch, mit wie viel Zorn und Ratlosigkeit sie in diesem neuen Polen umherirren. Alles bricht weg. Das Geld bedeutet so viel wie im Westen und in der Jugend herrscht Arbeitslosigkeit vor. Die Vereine sind korrupt und pleite. Und wer Fußballfan ist, ist gleichzeitig ein Hooligan. Sonst geht dort nichts. All das überfordert uns in diesen Tagen ein wenig. Aber der Fan-Laden hat seine Feuertaufe bravourös gemeistert. Die Tür steht nicht still, und ständig schauen Leute rein, die sich an dem Austauschprojekt beteiligen. Fußball wird natürlich auch gespielt, und das auf unserem alten Bolzplatz an der Grenzstraße. Es sah optisch so aus, als ob wir keine Schnitte kriegen sollten, aber wir hatten schnell heraus, dass 2 m hoch auch 2 m tief fällt, und so zeigte sich die gute alte Blutgrätsche als ein wirksames Mittel, die unvermeidbare Niederlage ziemlich gering zu halten. Wir verloren 4:5.

Inzwischen hat der Verein nicht geschlafen, und Rudi hat zu dieser Zeit das berühmte Händchen, Sahne-Spieler mit Zukunft und Talent für vernünftiges Geld an Schalke zu binden. Wir haben eine Truppe, die das Vertrauen der Fans hat und die wir durch halb Europa begleiten sollten. Da sind keine Möllers und Effenbergs in Sicht, da heißt es, die Mannschaft ist der Star, und dass so etwas ankommt, sieht man auf den Zuschauerrängen. Es kann kommen wer will, die Mannschaft hat unsere Unterstützung.

Das erste UEFA-Los, Roda Kerkrade, eine lösbare, aber auch unattraktive Aufgabe für unser Team. Das Heimspiel gewinnen wir unerwartet hoch mit 3:0. Zum Rückspiel fährt der Konvoi von 3000 Schalkern in 60 Bussen, nicht nur wegen der untypischen Anpfiffzeit, auch aus Sicherheitsgründen. Pommes, Frikadellen und Bier gibt's im Stadion nur durch die Gitter gereicht. Das Spiel wird trotzdem 2:2 nach Hause geschaukelt, und ich habe schon bessere Tage in Holland verbracht als diesen. Es ist nicht schön, ein Schaf in der Masse zu sein und immer auf den Schäfer nebst Hund zu achten. Aber anders wäre man gar nicht erst an eine Eintrittskarte gekommen, und immerhin war das mein erster Auslandsbesuch mit Schalke 04.

Bei der nächsten Auslosungsrunde wusste niemand etwas über Trabzon, wo lag das, ist das überhaupt noch die Türkei und so weiter. Aber das Wichtigste war, wie kommen wir an Karten und wie kommen wir dahin? Gott sei Dank leben wir ja mit zig Türken in einer Stadt, so dass die wichtigsten Dinge in den ersten Stunden geklärt werden konnten. Gegen Trabzon kamen gleich zwei Auswärtsspiele auf uns zu. 30.000 Türken verwandelten das Parkstadion in einen Hexenkessel, und wir klauten auch gleich ein paar ihrer genialen Sprechchöre, die wir auf Schalke umtexteten. Mit einem 1:0 im Reisegepäck, 410 Mark für das Flugticket, ab Köln plus Eintrittskarte, schlugen wir zurück und buchten.

Köln-Flughafen: Die Schalterhalle ist voll von Blau-Weiß-Gekleideten. Verschiedene Maschinen bringen uns in drei Stunden zum Schwarzen Meer und landen auf einem Militärflughafen. Überall düster dreinblickende, mit Maschinenpistolen hantierende Blechköpfe, die nicht gerade »herzlich willkommen« skandieren. Passkontrolle und Formalitäten, die man von der DDR kannte und eigentlich schon vergessen hatte. Aber dann: Eine mit türkischen Fahnen geschmückte Stadt empfängt die eintausend Schalker wirklich herzlich. Mit dem Bus im Zentrum angekommen, beginnt schon ein großer Sänger- und Sprüchewettkampf der beiden Fangruppen. Es geht ab, man merkt, unser Gegner hier heißt Fußballleidenschaft. Schnell noch etwas in die Kiemen geschoben, die Speisekarte ist ja die von zu Hause und daher für uns gut lesbar, und dann per Taxi für umgerechnet 23 Pfennig hin zum Stadion, eine Mischung aus Braunschweig, Wattenscheid 09 und dem Tivoli in Aachen, 25.000 Zuschauer fassend. Über der gegnerischen Kurve ein Minarett der dahinterliegenden Moschee. Die Haupttribüne neben uns rechts das einzig Imposante. Steil nach oben laufende Ränge, wo uns die hüpfenden Bewegungen der Fans schnell den Eindruck vermitteln, dass es heiß werden wird.

Unsere Kurve ist das totale Baufiasko. Ich höre noch immer den Sicherheitsbeauftragten des DFB, Horst Schmitt, sagen »Europäische Standards, Sicherheitsinteressen. Die UEFA ist für die Versitzplatzung, wir hinken nach usw.« Hier in Trabzon kann man dann Erfahrungen sammeln, sofern man nicht in der Ehrenloge sitzt. 60 Zentimeter hohe Stufen. Das heißt bei Freudensprüngen aufpassen, es geht abwärts. Nach dem Spiel muss die gesamte Kurve durch ein, ja wirklich, ein einziges Drehkreuz. Ich hätte gerne Horst Schmitt im Drehkreuz gesehen, spaßeshalber, versteht sich.

Später erzählt man uns, noch nie seien so viele Auswärtsfans dort im Stadion gewesen, einmal waren es 250 aus Liverpool, und von türkischen Vereinen in den Ligaspielen kommt höchstens mal aus Istanbul ein Bus. Zum ersten Mal wird hier von uns die Heimkurve niedergebrüllt, und das legendäre Schalke und der Nachbarrang rufen »0-4-Endstand«. Das haben wir den Türken abgeluchst beim Heimspiel. Es wird zwar nur ein 3:3, aber das ist ja genauso gut. Leider sind keine Feiern möglich, jedenfalls nicht in Trabzon, bei unserer Maschine brummen schon die Turbinen, völlig ausgelaugt kommen wir auf dem Flughafen an.

Es ist eine gewaltig respektvolle Stimmung, wir sind weiter. Wer jetzt auf dem Flughafen hängt und auf seinen Pass wartet, der weiß, egal wo, nächstes Mal bin ich wieder dabei. Wir sitzen in einer etwas kleineren Halle und trinken Effes Freibier. Roman hat jemand aus Unna kennen gelernt, der jetzt in seinen Fanklub will, der aber erst mal sauer ist, dass man ihm während des Spiels mit der Rasierklinge Aufnäher von seinem Transparent geklaut hat. Yvi und Helmut glotzen nur in die Leere und schnauben ab und an »Wahnsinn«.

Sascha, der Präsident des Fanklubs Kammen Bär, schiebt mir auf einem Zettel eine Nachricht zu und sagt leise, erschöpft und auch natürlich ein wenig betrunken, lies, du wirs' sehen, ich hab' immer recht mit meinen Prognosen. Ich klappe den Zettel auf, auf dem geschrieben steht: »Endspiel S04 gegen Inter Mailand, wir holen den Cup.« Ich lache, stecke den Zettel ein und denke mir: Sascha, du bist unverbesserlich.

Es war wirklich etwas Unbeschreibliches bei diesem Weiterkommen. Erst ab jetzt fühlte man sich international gereift, und wir hatten alles gegeben, die Spieler genau wie die Fans. Wir waren total erschöpft, als wir aus der Ankunftshalle in Köln schlichen, um noch mal von dem Spinnettis Schalkonese Fanklub abgeleckt zu werden, die auf uns bis um drei in der Frühe gewartet hatten. Hardy, schrill wie immer: »Ihr wart alle super, Mensch, man hat nur euch im Fernsehen gehört, war 'ne super Stimmung, los erzähl.« »Alles später im Fan-Laden«, war unser kurzer Kommentar. König Fußball hatte unsere Körper verlassen und König Bett forderte seinen Tribut.

Später machten wir uns über unsere türkischen Kumpels her. Von wegen die Hölle von Trabzon, oder weißt du, was man im Stadion nur gehört hat? Das Schwarze Meer ist blau und weiß und so weiter. Aber wir schwärmten auch von den Qualitäten von Hami und vor allem denen von Abdullah. Wir konnten jetzt europäisch im Fußball mitreden. Bei der nächsten Auslosung gab es dafür betretene Gesichter: Brügge, sicher wieder eine von diesen Schweinetransportfahrten.

Aber eine große Mannschaft, sagte jemand. Und zu packen, und zu packen, dat is' wichtig, ruft jemand von hinten, denn mittlerweile ist es an diesen Auslosungstagen, wenn auf dem Fernseher Videotext läuft, im Fan-Laden immer voll.

Nach Brügge fuhr ein ganzer Bus der Ini, was zur guten Stimmung beitrug. Man kannte sich ja, und es war gesichert, dass nicht nur Schalkelieder gespielt wurden, sondern auch die geniale Musik der Lokalmatadore. Vor dem Stadion wieder Gedränge und Sicherheitsmaßnahmen, die man nur durchblickt, wenn man direkt an diesem Einsatz beteiligt ist. Panik bricht aus in den engen Drängelstangen, einige Starke steigen einfach über andere hinweg. Es gibt viele blaue Flecke, Gott sei Dank nicht mehr. Auf jeden Fall ist der Sicherheitsdienst für das Chaos verantwortlich, und man kann auch nur hier den Kopf schütteln und vor so viel Inkompetenz resignieren. 5000 Schalker auf einmal zum Stadion fahren lassen und dann durch ganze zwei Eingänge Person für Person kontrollieren. So produziert man Katastrophen.

Das Stadion wirkt englisch, aber eher zweite Liga, würde ich sagen, und es ersäuft im Matsch und Schnee. Von den Flutlichtmasten lösen sich durch die einschalteten Lampen die ersten Lawinen und gehen dicht neben den Reportern nieder. Von der Kurve aus betrachtet ein schönes Schauspiel! Weiter gibt's eigentlich nichts zu berichten, außer dass die Hools, die sich wohl bundesweit zu diesem Spiel versammelten, wie Hühner auf der Stange auf den Zäunen sitzend auf ihren Einsatz warten. Irgendein belgischer Blödmann reißt ein Schalker Transparent ab, das vor seiner Nase hängt, und schon haben wir den Salat. Einige dieser völlig Durchgeknallten liefern sich eine wüste Keilerei mit der Polizei hinter dem Tor. Peter Peters, Geschäftsführer von Schalke, läuft in die Kurve, um zu besänftigen, wir lachen uns kaputt. Zur gleichen Zeit wird ein Schalker Hool unter uns, im Ausgangsbereich, ziemlich brutal von Polizisten zusammengeschlagen, so dass er noch Wochen mit einem Hodenriss im Brüsseler Krankenhaus verbringt. Auch darüber lachen wir uns nur kaputt. Eine Szenerie, wo man nicht weiß, wer sind hier die Guten oder gibt's die denn hier überhaupt.

Es wird natürlich auch gespielt, wenig, aber es wird. Es sieht nicht gut aus im Schnee, wir liegen 1:0 hinten und dann … Mike Büskens macht das Tor seines Lebens, und ich hab's gesehen, den roten Ball drischt er unhaltbar in den Winkel, man hätte sich drauf setzen können und er wäre noch rein gegangen, so viel Wucht war dahinter. Wir schnattern wie die Enten vor Kälte, und Fusel ist auch keiner mehr da. Danach fällt das verflixte 2:1 für Brügge, nachdem der vermaledeite Thon einen Elfer verschoss. Danach nur raus aus dem Stadion, zurück in den Bus, wo noch was Wärmendes wartet. Wir werden das schon umbiegen im Parkstadion, da sind wir uns sicher.

Für uns ist es wahrhaftig ein europäisches Jahr, denn wenig später geht es nach Posen zum Gegenbesuch

unseres Fanprojektes. Abenteuerlich schon die Zug-
fahrt. Diese Ostzüge haben immer noch ein etwas anderes Flair als unsere. Irgendwie steckt da noch ein
bisschen mehr Reisegefühl und Wladiwostock dahinter. Zum Beispiel gibt es dort noch die kleinen abge-
rundeten Klappaschenbecher, in unseren Zügen sind
die schon seit Jahrzehnten verschwunden. Ich machte
mich sofort auf die Suche nach einem Kreuzschrau-
bendreher.

Morgens um sieben kommen wir in Polen an. Uns
erwartet eine Stadt, die wir uns völlig anders vorgestellt
hatten. Prunkvolle städtische Bauten und die Univer-
sität, die es hier schon seit Jahrhunderten gibt, impo-
nieren uns. Breite Alleen tun sich vor uns auf und vier-
bis sechsspurige Straßen, deren Überwindung schon
Großstadterfahrung fordert. Begleitet werden wir von
Uszol, dem Oberhool, Mischau, seinem Stellvertreter,
und noch fünf anderen Hools. Das Hotel Wielko-
polski, um die Jahrhundertwende errichtet, steht gegenüber von drei Bauten, die aus den siebziger Jahren
stammen, ganz so, wie sie jetzt auch in Gelsenkirchen
überall herumstehen. Allerdings die sozialistische Vari-
ante, eben Plattenbauweise. Die Altstadt von Posen ist
von einem italienischen Städteplaner entworfen worden und sieht aus wie die von Bologna. Erbaut wurde
sie vor 400 Jahren. Überall, überall Restaurants und
Kneipen. Frauen, die ich mal besser nicht beschreibe,
aber mir sehr wohl merke.

Aber dies ist die Innenstadt, Mischau und Uszol
fahren mit uns in die Außenbezirke, wo sie wohnen

und ihrer »Arbeit« nachgehen. Der erste Eindruck: willkommen im Erle meiner Kindheit. Der gleiche Geruch, der gleiche Smog und auch irgendwie die gleichen Leute.

An einem Art Ladenkiosk machen wir Halt, um auch hier, wie bei uns, die übliche Flasche Bier zu trinken. Irgendwie fühle ich mich wieder in der Vergangenheit. Ich sehe die Napiwotzkis in Erle bei Preckel an der Trinkhalle, es ist wie vor vierzig Jahren. Wie ist es möglich, heute noch den gleichen Geruch hinzubekommen wie damals? Es ist schön, denke ich, und gucke auf Häuser, die auch in Erle noch so stehen. Eben »Klein Jerusalem«, wie wir sagten, an der Heinrichstraße in Ober-Erle.

Aber es gibt nicht nur die gute alte Zeit. Die Hools prahlen mit Geschichten, die auch hier gut sind für ein paar Jährchen bei Kaffee und Brot in gesiebter Luft. Da zählen Werte, die uns fremd sind. Das Zeitalter der Handys und Computer sowie der ideologische Zerfall einer ganzen Denkart lassen eine neue Komponente von Westside-Story aufblühen.

Wir gehen ins Stadion. Die Kassenhäuschen ähnlich denen bei Erle 08, man muss in die Knie gehen, um überhaupt seine Zlotys auf die Ablage zu postieren. Erkennen, wer da sitzt, kann man sowieso nicht. Zweimarkunddreißig Stehplatz für die erste Liga, wunderbar für uns, für den Verein mit Sicherheit einer der Sargnägel in Richtung Ruin. Vor dem Stadion stehen Wasserwerfer, die geeignet sind, ganze Volksaufstände niederzuhalten, Schwimmbäder auf Rädern. Das Stadion ist mit einer der modernsten Flutlichtanlagen Europas ausgestattet, lässt aber sonst vieles zu wünschen übrig. Die Bier- und Wurstbuden fehlen gänzlich. Auf den Werbeflächen scheinen noch vergangene weltpolitische Losungen durch. Ein 30 Meter langer Drahttunnel führt von den Mannschaftskabinen aus Richtung Spielfeld. Er ist nach schweren Ausschreitungen in diesem Stadion installiert worden, wo die rollenden Schwimmbäder die Fans zum Duschen einluden. Ein Jahr Platzsperre und Schäden in die Hunderttausende waren die Folge eskalierender Gewalt.

Die Spieler verlassen den Drahtverhau und betreten das Spielfeld, das einzige, was uns an zu Hause erinnert. Wir hängen unser Transparent in die Fankurve neben das der Kolejosz, was Eisenbahnarbeiterklub bedeutet. Sonst gibt es nichts zu sehen in der Kurve, keine Fahnen oder was wir sonst aus unseren Stadien kennen. Einer der polnischen Fans ragt auf einer selbstgeschweißten Stahlkanzel über alle anderen hinaus. Uszol ist der Einpeitscher, rund drei- bis viertausend Glatzen hören auf sein Kommando: »Lech to so pane…« – »Wir sind die blau-weißen Teufel«, klingt es aus tausenden von Kehlen.

Wir stehen in einer gut gefüllten Kurve. Der Rest des Stadions ist fast leer. Die Kurve kümmert das wenig, und das muntere Spielchen auf dem Rasen setzt sich auf den Rängen fort. Dann fällt ein Tor für Posen und wir sind wieder um eine Erfahrung reicher. Pogo Time! Die Leute von unten sind im Zickzack auf dem Weg nach oben, und die Leute von oben sind im Zickzack die hundert Meter nach unten unterwegs. In der Mitte der Uszol mit störrischer Ruhe, der das Treiben aus einer beneidenswerten Perspektive erlebt. Auch wir kriegen unsere blauen Flecke, schauen uns verdutzt an und lachen uns kaputt über diese Art, ein Tor zu feiern.

Fans und Mannschaft haben hier ein völlig anderes Verhältnis zueinander, als wir das von zu Hause kennen. Man besucht sich, ist Gast auf Hochzeiten, und man trifft sich abends im Jama, einer Disco der Superlative. Den Mund hat man uns ja schon wässrig gemacht, und abends gehen wir denn auch ins Jama. Die gesamte Mannschaft von Lech Posnan ist wie verabredet da, morgen ist trainingsfrei. Mindestens 50 Hools aus der Szene von Uszol tummeln sich mit ihren Mädels um die drei Thekenbereiche. Für uns und die Mannschaft ist ein kleiner Bereich in der Disco abgeteilt und reserviert. Es wird Wodka und Apfelsaft als Mixgetränk gereicht, von beiden Sorten jeweils 40 Flaschen in dieser Nacht. Es war eine von diesen, wo man nach draußen tritt und einen die Sonne verglüht, und erst dann merkt man, dass die Nacht vorbei ist.

Beim Frühstück, das trotzdem um elf Uhr stattfindet, lässt man dann nochmal alles Revue passieren. Spieler, die saufen wie die Löcher. Hools, die Spieler sind, und Spieler, die wie Hools denken. Verrückte Welt, sagen wir uns. Auf jeden Fall haben wir unsere Sicht vom Fansein hier angebracht und gezeigt, was es heißt, aufeinander zuzugehen, anstatt in Konfrontation zu erstarren. Auch Hools verstehen diese Botschaft wohl, und es fängt an zu klickern. Erst leise und zwischen den Zeilen, und dann auch laut.

Für den Nachmittagskick am Stadion von Lech, das Revanchespiel für Gelsenkirchen, ziehen wir uns um. Diesmal spielt Piotr Reis, der Mittelstürmer von Posen, der inzwischen bei Duisburg kickt, bei uns mit. Er hat sich also trotz der paar Wodkas noch an sein Versprechen erinnert. Wir schlagen die Hools überlegen, mit einer Frau im Tor, was sie ziemlich Scheiße finden. 9:4. Yvi bricht sich bei einem Torschuss den kleinen Finger, hält sonst aber alles und hält auch bis Spielende durch.

KAPITEL 6

Feuer in Valencia

Nach dem souveränen Heimspiel gegen Brügge, mit Happy End in der 90. Minute durch Youri Mulder, wurden wir jetzt echt schon nervös. Diesmal hielt es uns nicht im Fan-Laden. Bei der Viertelfinalauslosung ging's ab in die Kneipe Zur Cantina bei Franz, dort war es zum Bersten voll, die leckeren Alt schnell geordert und nun der Blick in die TV-Kiste. Jau, das Traumlos kommt! Valencia, wir hüpften in die Höhe. Valencia, wer hätte das gedacht, als Müller zum 2:1 einköpfte, Valencia, und wieder erst das Heimspiel. Eines ist sicher, wir fahren, aber wie.

Fast drei Monate haben wir wegen der Winterpause Zeit, diesen Coup zu planen und dafür zu sparen. Vor dem Heimspiel gibt es erstmals eine Valencia-Nacht im Fan-Laden, mit lateinamerikanischer Musik und spanischem Buffet. Die Schaufenster sind mit Schriftzügen Valencia beklebt. Mitten im Winter gibt es eine Sommerdekoration mit Muscheln, Sand und Badeinseln. Die Fans flippen völlig aus, und von nichts anderem ist die Rede als von Valencia. Das Logo des FC Valencia holen wir uns übers Internet und lassen es ausdrucken, eine Schwalbe, die eine Apfelsine trägt, ein komisches Vereinslogo, denken wir und kleben es ebenfalls ins Schaufenster. Später soll sich die Apfelsine als ein Fußball und die Schwalbe als Fledermaus herausstellen, es ist halt noch immer Neuland, dieser UEFA-Cup.

Das Spiel macht uns alle Ehre. Wir erarbeiten uns ein gerechtes 2:0 gegen Valencia. Volli, unser Drucker, Olli aus dem Frankenland und FCN-Fan, der auch das Playboy-Erotikposter mit in die Nummer Zwei des »Schalke Unser« tackerte, und ich mieten ein Reisemobil für fünf Personen. Eines ist klar, wir machen aus dieser Reise eine Fahrt, auf der wir uns dem Ziel ganz langsam nähern. In Valencia würden die alljährlichen großen Festlichkeiten, die Fallas, gerade in der Zeit stattfinden, wenn das Rückspiel ist. Wir freuen uns darüber, aber was da auf uns zukommen sollte, wusste natürlich niemand von uns.

Ralle und Hirni komplettieren unsere Fahrercrew, und als wir den Wagen abholen, acht Tage vor Spielbeginn, geht es erst mal an das Ausstaffieren des Fahrzeugs. Über die gesamte Höhe des Autos kleben wir den Schriftzug Valencia. Eine Schalke-04-Schwimminsel mit einem Durchmesser von 1,80 m wird neben dem Schriftzug befestigt. Daran kommen unsere alten Fußballschuhe nebst Schienbeinschoner, und das Logo von Schalke 04 vorne auf die Motorhaube. Ein Auto, mit dem man um die Welt reisen möchte, steht vor uns und wird mit Paletten nur so voll geladen, dass es kracht. Dann steigen Volli, Ralle und ich ein, wir legen die Kellergeister ein, drehen den Lautstärkeregler auf sechs und dampfen unter Freudenglucksen durch die Stadt und auf die Autobahn Richtung Süddeutschland, um in Kirchheimbolanden die anderen beiden abzuholen. Es ist ein Uhr nachts, und beide steigen ein und faseln im fränkischen Dialekt »Isch ja oi Wahnschinns-Audo, isch kann me janisch enkrischen.«

Spät in der Nacht beschließen wir noch in Flomborn vorbeizufahren. Mitten in Frankenland steht da eine Schalke-Kneipe, die vollgestopft ist mit allem, was es auf dem Schalker Souvenirmarkt in den letzten Jahren zu kaufen gab. Das Schalker Eck, ein Geheimtipp und ein Muss für alle Schalker. Ewald ist vor Jahren vom Schalker Markt hierher gezogen, der Liebe wegen. Einen Teil seiner früheren Liebe nahm er einfach mit, und so sitzt er halt in dem 250-Seelen-Ort und führt seine Schalker Kneipe. Es brennt noch Licht, wir halten und betreten den Schankraum. Ewald kennt uns von einem Interview, das wir mal mit ihm fürs »Schalke Unser« machten. Aber als er dann vor uns steht, scheint er uns nicht zu erkennen. Harte Schnäpse haben ihn aus dem Verkehr gezogen, eine vernünftige Konversation ist nicht mehr möglich. Die fünf anderen Gäste schnallen sich langsam von der Theke ab und torkeln Richtung Ausgang. »Soll ich noch mal in der Musikbox ›Blau und Weiß‹ spielen«, lallt Ewald. Wir verneinen und verabschieden uns, nicht ohne ihm mehrmals zu sagen, dass wir jetzt nach Valencia fahren. Jedes Mal antwortete er darauf: »Ihr spinnt ja!« und rollt mit seinen Augen, dass wir uns schnell vom Acker machen, bevor uns noch der Mageninhalt gezeigt wird.

Als ich gegen Morgen die Augen aufmache, sehe ich die Sonne und denke, ein schöner März mit so viel Sonne. Die Stimmung im Auto ist ausgelassen und voller euphorischer Erwartung. Ralle und ich haben es uns im Alkoven über dem Führerhaus bequem gemacht. Wir haben, weil niemand große Lust hatte, einen Fotoapparat mitzuschleppen, ein halbes Dutzend Einmalfotoapparate gekauft. Ralle fotografiert jeden Möbellaster und jede Palme, die sechs Filme sind schnell verknipst und Ralle beschließt danach, sie erst gar nicht entwickeln zu lassen. Weil ja noch viele schönere Motive kämen.

Wir steuern unsere erste Station an, Chateau Neuf du Pape, ein legendärer Rotweinort in Frankreich. Über dem Ort thront die Ruine des Papsthauses wie ein Wahrzeichen. Unten im Ort französische Lebensart, zig Weinkeller, mehrere Kneipen und Restaurants, die uns nur so mit der Zunge schnalzen lassen. Erst mal auf eine Terrasse gesetzt, die Ärmel der Trikots nach oben gestreift, die Sonnenbrille auf, in die brennende Sonne geguckt und zwei Fläschchen vom Roten, der allerhöchste Aufmerksamkeit von uns verlangt, einverleibt. Ist es nicht schön, ein Schalker zu sein, sagt einer lächelnd, und wir lassen uns die Sonne auf den Pelz brennen. Plötzlich rauscht ein grauer VW-Bus mit Gelsenkirchener Kennzeichen heran. Volli springt auf die Straße, und 230 Pfund stoppen den Bus auf eine Art, wie eben nur Volli ein Auto zum Stehen bringen kann. Norbert, Josch, Marcus und Ami steigen aus, und wir freuen uns, dass es mit dem Treffpunkt dann doch geklappt hat. Zu zehnt sprengen wir ein ganzes Restaurant und die Küche.

Am nächsten Morgen geht es in aller Frühe weiter.

Norbert fährt vorweg, sein Auto gibt das Reisetempo vor. An der Grenze nach Spanien sehen wir in der Schlange die ersten Schalker, die wie wir mit dem Auto die Reise machen. In der Nähe von Barcelona wohnt Vollis spanische Verwandtschaft, und so kehren wir auf einer Hazienda ein. Wir staunen nicht schlecht über das komfortable Domizil und über unser Nachtlager. Wir stehen im Innenhof und um uns herum Gutsgebäude mit einer Familienkapelle. Wir beten schnell ein Schalke Unser und freuen uns über den eigenen Fußballplatz vor dem Haus. Im nahen Örtchen suchen wir taugliche Kneipen und brauchen nicht lange zu suchen, die Trinkstuben reihen sich wie Perlen an einer Kette. Es wird der Cuba Libre neu entdeckt und schätzen gelernt. Nicaraguanischer Rum mit Cola, einer Limette und Eis, der ab jetzt unsere Weinvorräte schonen sollte. Weniger schön war an diesem Abend die Einsicht, dass es nicht nur bei uns die Idioten gibt. Waschechte Jungfaschisten feiern in einer Kneipe öffentlich mit Hitlergruß eine Party. Wir pöbeln zwar rum, aber wir können uns hier keine Prügelei leisten und beschließen, die hier den Spaniern zu überlassen.

Morgens früh hört man schon das Klatschen des Balles an der Hauswand. Ralle kann es nicht abwarten. Los pöhlen, wach werden, ruft er und drischt das Leder an die Wand. Es werden Gebäckstangen in heißen Kakao getaucht, und die ersten laufen auf den staubigen Platz ohne Rasen, aber mit Toren. Es ist noch nicht so heiß, also geht voll die Post ab. Reisemobil gegen VW-

Bus heißt es, und die Tore fallen auf beiden Seiten reichlich. Die Trikots saugen den Schweiß aus nicaraguanischem Rum und Cola auf und wer noch nicht wach war, ist es jetzt.

Nach der Dusche geht es zur Bahn, die uns nach Barcelona bringen soll. Es ist so eine Bahn, die man aus den großen Städten kennt, aus Berlin oder Paris. Große geräumige Abteile, wo 150 und mehr Leute reinpassen, alles sitzt still vor sich hin, manche lesen Zeitung, ein oder zwei Walkmen plärren irgendwo, ein Liebespaar knutscht und die Oma versucht verzweifelt ihren Pudel zu bändigen. Mitten in dieser Szene sitzen wir genau so ruhig und öde. Ralle kann schließlich nicht mehr, erst ein kleines Lachen, dann ein lautes Lachen und dann springt er auf und sagt in reinstem Ruhrgebietsdialekt »So, wir sind Schalker, und ich spiel' euch trüben Tassen mal einen Blues, den ihr sicher alle mögt«, griff in seine Seitentasche, holte die Harp heraus und fing an zu spielen. Howlin' Wolf persönlich schickte sich an, ein Konzert zu geben. Er ging in jede Bank und spielte, sang, spielte, sang, was das Zeug hielt. Die Gesichter in der Bahn hellten sich zusehends auf, und eine wüste Session begann, einige fingen sogar an zu tanzen. Es wurden vergnügliche und schnelle 45 Minuten bis zur Endstelle Barcelona Hauptbahnhof. Die Leute applaudierten und wünschten uns Glück gegen Valencia.

Wir fuhren dann mit der U-Bahn, Richtung Ramblas, und ich summte den Hit von den Kellergeistern: »Ich möchte mal in Blau und Weiß durch Barcelonas

Straßen geh'n. Ich war noch niemals in Paris, ich war noch niemals in Turin!« Da waren wir jetzt, nicht mit der Freundin, nicht mit irgendeiner Reisegruppe. Die Ramblas herunterzugehen als Schalker, das ist etwas ganz anderes, als Tourist zu sein. Man ist hier wegen eines Spiels, wegen 90 Minuten Fußball. Man ist hier, weil man so viel Scheiße erlebt hat und weil man sich sein ganzes Fußballleben hierhin gesehnt hat. Europäisch zu spielen, und die Blumenvase war noch nicht vergeben.

Wir treffen viele Bekannte auf den Ramblas, mit Anja und Hardy von den Spaghettis gehen wir um die Ecke in eine Taperia, essen Meeresgetier und lassen es in San Miguel schwimmen. Danach ab in die Disco, ziemlich früh noch, und als wir später wieder herauskommen, trauen wir unseren Augen nicht: Vor dem Eingang ist eine Menschenschlange, wohl an die 200 Meter lang, es kommen immer nur welche herein, wenn jemand die Disco verlässt. Mitten drin stehen zwei Männer, einer hat einen Frack an und einer ein Hochzeitskleid. Es ist wohl eine Schwulenhochzeit und sie wollen tanzen gehen. Ach ja, wir sind hier in Barcelona, nicht in Gelsenkirchen.

Morgens geht es weiter Richtung Valencia. Wir glotzen alle aus dem Fenster. Wie die Blagen schreien wir, da ist das Meer. Bei der ersten Möglichkeit wird gehalten. Wir sind im März bei einem dieser typischen Ruhrgebietstage losgefahren, es pisste die ganze Zeit, und jetzt 22 Grad und das Meer. Badehose an, und wir verabschieden uns vom Winter zu Hause.

Wir haben uns für einen Campingplatz zehn Kilometer vor Valencia entschieden. Er liegt am Meer und hat eine Busverbindung zur Innenstadt und zum Stadion. Wir kommen ziemlich ausgelaugt dort an, es ist kurz vorm Dunkelwerden, aber wir können die Schalker Kolonie mit ihren Fahnen gut erkennen. Rund 150 Schalker sind hier, und es gibt ein großes Hallo. Jupp und Frau aus Bergheim vom Block C, Sascha und Mac vom Fanklub Kammen Bär sowie Clive und andere vom Supporters Club sind mitten in den ersten Begrüßungsfeierlichkeiten. Man testet die spanischen Biere und tauscht Reiseerfahrungen aus. Rings um unseren Bus wird so manches Schalkelied angestimmt. Ich teste noch ein Fläschchen Roten aus Frankreich und verabschiede mich zum Matratzenhorchdienst.

Es muss wohl noch ein wenig laut geworden sein, denn auf einmal kommt Ralle wie ein Pfeil in die Koje geschossen und ruft »Oi, oi, oi, jetzt aber ganz rasch die Äuglein geschlossen, bevor es noch was drauf gibt!« Ich schaue schlaftrunken aus dem Fenster und traue meinen Augen nicht. Ringsherum eine Hundertschaft Bullen, mit Schlagstöcken so lang wie Fahnenstöcke und Helmen und Schildern. Spanische Kommandos werden gerufen, »Silencio« und »Basta« und »La ultima«. Es waren wohl auch Camper auf dem Platz, die keine Schalker waren und diesem Spuk ein Ende setzen wollten. Fortan konnten sie beruhigt schlafen.

Der Bus nach Valencia ist nur zu einem Drittel besetzt, er brettert rekordverdächtig los. Man flachst und checkt die anderen Schalker ab. Einige Mitglieder vom Fanmagazin »Boys in Blue« sind hinzugestiegen, und es wird lauter. Unter ihnen ein paar Sänger und auch wohl Entertainer, einer stimmt ein munteres Liedchen an. »Wer auf Dortmund scheiße, ziehe sich am Ohr, klack klack klack…«. Im gesamten Bus ziehen sich die Schalker an den Ohren. Die Spanier gucken verdutzt. Aber es geht weiter. »Wer auf Dortmund scheiße, gehe in die Knie…«. Mancher Spanier fängt an, sich auf seinem Sitz unbehaglich zu fühlen bei so viel Bewegung im Bus. »Wer auf Dortmund scheiße, laufe dann nach vorn«. Sofort ist ein Drittel der Fahrgäste vorn beim Fahrer, der »Mierda« (Scheiße) flucht, seine Höllenfahrt aber unvermindert fortsetzt. »Wer auf Dortmund scheiße, ziehe sich am Ohr, gehe in die Knie, laufe zum Fahrer nach vorn und zeige seinen Arsch!« Quietschen. So schnell sich der Bus auch fortbewegte, so schnell steht er jetzt. Unter Schimpfkanonaden verlassen fünf fast entblößte junge Männer das Gefährt.

In der City ist Fiesta, die Fallas, und anscheinend wird die Stadt gerade bombardiert. Es ist so wie Silvester um Punkt 24 Uhr. Alles erzittert und es scheppert pausenlos. Ganze Straßenzüge sind präpariert. An Wäscheleinen in der Straßenmitte werden Knallkörper in einer schnellen Reihenfolge abgebrannt, dass man meint, neben zwei Stalinorgeln zu stehen. Wir laufen durch die Innenstadt und kommen aus dem Staunen nicht heraus. 360 haushohe Pappmachépuppen zieren fast jede Kreuzung und ragen in den Himmel. Kunstvolle Figuren, die sogar teilweise von innen begehbar sind. An Farbenpracht nicht zu überbieten, und überall rumort es. Die Fallas sind ein alter Brauch, sie signalisieren das Ende des Winters und den Beginn des Frühlings. Die Pappmachépuppen wurden früher von den Schreinern aufgestellt, die ihre Werkstätten vom Winter ausmisteten. All diese herrlichen Figuren sollen in einer Nacht verbrannt werden, dabei stehen sie in unmittelbarer Nähe der Häuser.

Wir suchen das Stadion, schließlich sind wir deswegen hier. Es ist nicht weit, 15 Minuten Fußweg nur über den Fluss, dessen Bett gerade präpariert wird. Vielleicht steht doch ein Angriff bevor, man sieht Geräte wie Granatwerfer, soweit das Auge reicht. Das Stadion liegt mitten in der Stadt. Rings herum Wohnhäuser, die der von außen majestätisch wirkenden Arena etwas Besonderes geben.

Wir treffen Ulla, die schon seit geraumer Zeit in der Kneipe des echten Manolos sitzt. Der steht gerade auf einem Mauervorsprung und haut auf seine Pauke. Erst jetzt, wo er vor einem steht, weiß ich, dass ich jahrelang in Gladbach nur eine Kopie von ihm hier sah. Die Kneipe von Manolo, ein Heiligtum. Von der Decke hängen luftgetrocknete Schinken. Die Lampen sind große Fußbälle, und an den Wänden überall Fotos von Manolo und Pelé, Beckenbauer, Seeler und und und. Eine Kneipe zum Wohlfühlen, das denken sich auch die draußen sitzenden Schalker und genießen die Nachmittagssonne. Mac und Hardy klettern aufs Stadiontor und lassen sich vor dem Wappen des FC Valencia ablichten, wir gehen in die Stadt zurück, wo wir zig andere Leute vom Fan-Laden und Dachverband treffen. Es ist, als ob die Stadt blau und weiß tankt.

Roman ist gerade mit Unna 87 angekommen. 30 Schalker quälen sich mit Gepäck zu ihrem Hotel, quer durch eine Prozession, die umherzieht in alten Trachten und mit einer Musik, die halb nach Trauer, halb nach Marsch klingt, eben »La Musica«. Wir folgen der Prozession, die bei einer Mutter-Maria-Figur endet. Diese Figur ist an die zehn Meter hoch und besteht nur aus Blumen. Während die Leute an ihr vorüberziehen, werden mitgebrachte Nelken in die Figur gesteckt. Unmöglich zu sagen, wie viele es sind.

Ein ganzer Pulk macht sich jetzt auf den Weg zum Stadion, es hat begonnen, das große Kribbeln. Der Platz vor dem Stadion, den wir vor ein paar Stunden noch so idyllisch sahen, ist schwarz vor Menschen. Die Kneipen sind keine mehr, sondern regelrechten Bierdosenmauern gewichen. Selbst mir wird schwarz vor Augen beim Anblick solcher Biermassen. Schalke trifft sich vor den Toren wieder. »Wie bist du denn hier?« »Ich bin von Mallorca mit dem Schiff rüber.« »Unser Bus geht direkt nach dem Spiel«, und »Wir sind mit Leuten hier, die hier Urlaub machen.«

Die Mannschaft kommt, hinter ihr noch zwei Fanbusse. Reiterstaffeln traben ziemlich brutal in die Menschenmenge, um eine Gasse frei zu machen. Schalke, Schalke, überall entstehen Sprechchöre. Es ist soweit, austrinken und hinein ins Stadion. Die erste Ernüchterung, mir wird meine Kalebasse mit den Geräuschperlen abgenommen. Ich kann, versichert man mir, das Teil nach dem Spiel wieder abholen. Die Rettungsinsel und die Mega-Riesenluftpumpe bleiben aus was weiß ich für Gründen unbeanstandet. Wir eilen die Treppen hoch in unseren Block auf der Tribünengeraden, ziemlich am Zaun. Super Platz, sind wir uns einig. Einige hängen das Transparent auf, und ich Bekloppter fange an, die 1,80 m große Rettungsinsel mit Logo des Vereins aufzublasen.

Das Stadion eines, von dem man sagt: Wahnsinn, hier haben Akustiker gewirkt, ein Hexenkessel. Auf unserer Seite sehe ich überall Schalker, über uns der gegnerische Block der Valencianer, genau gegenüber mindestens noch mal 2000 Schalker, die wir kaum sehen können, aber gut hören. Unsere Seite ruft »Schalke«, die gegenüber »04«. Die gegnerischen Fans merken gleich, dass heute abend nicht Bayern München zu Gast ist. Der Einfallsreichtum der Schalker ist kaum zu überbieten bei diesem UEFA-Cup. »Hasta la vista, Schalke Finalista« ertönt es im weiten Rund.

Die Mannschaften laufen ein, überall werden Papierfahnen, die auf den Sitzen lagen, geschwungen. Ein Moment für jeden Schalker, wo man die Welt anhalten möchte. Anpfiff. Nach 19 Minuten des offenen Schlagabtausches werden wir erst einmal in einen Whirlpool der Glückseligkeit geworfen. Ich sehe, wie Youri sich den Ball zurecht legt, wie sein rechtes Bein nach hinten ausholt, das Weiße in seinen Augen blitzt und das Bein wie bei einem Tipp-Kick-Männchen gegen den Ball saust. Unhaltbar, er ist drin. Die Rettungsinsel, die Rettungsinsel schießt es mir durch den Kopf und schwinge sie über selbigem. Neben mir das absolute Chaos. Jubelorgien ohne Ende, durch den ganzen Block besucht man sich, um sich zu drücken und zu herzen. Günna hat angefangen still und heimlich zu flennen, so schön, so wunderschön rinnen ihm die Tränen an den Wangen herunter. Jetzt zählt auch nicht mehr das Gegentor in der 45. Minute, jetzt heißt es nur der Mannschaft den Rücken zu stärken und das Spiel über die Zeit zu schaukeln.

In der letzten Viertelstunde wird von den Akteuren auf dem Platz und auf den Rängen noch mal alles gegeben. Schlusspfiff, eines der Spiele, die man nicht vergisst, ist zu Ende. Günna zerfließt und sagt nur: »Halbfinale, egal wie es ausgeht, Halbfinale.« In diesem Moment sind wohl alle Schalker nur noch fertig, die auf dem Rasen und die oberhalb. Wir, die Neckermänner (wie unser damaliger Torwart mal sagte), wieder eine Runde weiter. Johann de Kock läuft wie ein Stehaufmännchen auf und ab an der Außenlinie, eine Super-Valencia-Tüte schwingend, er lacht, nein er ist glücklich, man kann es genau sehen. Youri hüpft hin und her und ist völlig ausgelassen. An der Außenlinie wird abgeklatscht. Die Valencianer fallen in den Applaus ein, so etwas habe ich noch nicht erlebt. Der Gegner zollt uns Respekt, das kenne ich aus deutschen Landen nicht.

Während der Jubelorgien fällt es mir schwer, die Luft aus meiner Badeinsel zu bekommen. Gott sei Dank für die Badeinsel hat keiner der Umstehenden ein Messer dabei, sonst hätte ich dem Spuk schnell ein

Ende gemacht. Nach 20 Minuten ist endlich bei uns beiden, der Insel und mir, die Luft raus und ich kann mich aufmachen auf die Suche nach meiner Kalebasse.

Draußen vor den Kneipen rufen die Schalker »Die Mauer muss weg«, und so macht man sich daran, die Dosenbiermauern abzubauen. Viele Fans von Valencia gesellen sich zu uns, drücken uns die Hände und beglückwünschen uns. »Jetzt müßt ihr den Pott holen«, sagen sie, daran denken wir noch gar nicht, aber der Gedanke ist nicht schlecht. Der Mannschaftsbus fährt vor und wir applaudieren. Ich erkenne Yves, der auch mich sieht, und wir lachen uns an, freuen uns und finden es wohl beide Scheiße, nicht wenigstens ein paar Takte reden zu können. Detlef bekommt sich gar nicht mehr ein und fängt an zu stottern, ein sicheres Zeichen, dass er es ernst meint: »Dat hier is dat Größte!«

Und dann ging es los über unseren Köpfen, das Feuerwerk aus dem Flussbett wurde angezündet. Wer mal am Berger See oder in Wanne-Eickel bei der Cranger Kirmes ein Feuerwerk erlebt hat, denkt, er hat eines gesehen. Hier brennt die Stadt. Immer wenn man meinte, das war der Hauptakt und jetzt ist Schluss, ging's noch schöner weiter. Eineinhalb Stunden, man muss sich das vorstellen. Eineinhalb Stunden lang bis um halb zwei Uhr nachts ballerten und sprengten sie in den Himmel, dass sich noch Wochen später bestimmt kein Vogel in die Stadt traute.

Wir hatten die Mauer fast geschafft und das Feuerwerk war auch vorbei, dass wir sagten, jetzt ein Taxi und ab in die Koje. Also zogen wir los. Die Straßen waren voll von Menschen, überall Glückwünsche und Komplimente für unseren Support. Wir kamen nicht vom Fleck. Die mitgeführte Palette Bier fing an schwer zu werden. Wir wechselten uns beim Tragen ab, aber nach einer Stunde löste sich unsere Gruppe langsam auf. An einer Verkehrsinsel, mitten in den Menschenmassen, ließen sich drei von uns nieder und behielten die Palette als Wegzehrung. Wir anderen kämpften uns weiter durch die Menschentrauben. Am Stadtrand sahen wir ein Pappmaché-Pferd, so 15 Meter hoch, und dahinter eine Open-Air-Disco, wo an die 100.000 Leute ravten. Ein gigantisches Spektakel, aber wir waren nur noch müde und froh, als wir endlich Taxis fanden.

Auf dem Campingplatz war gerade Ruhe eingekehrt, gegen vier Uhr morgens, als es auf einmal anfing zu knistern. Ein Wohnmobilfenster wurde aufgeschoben und ein rotes Megaphon schob sich heraus. »Youri Mulder, Fußballgott« sollte ab jetzt stündlich über den Campingplatz schallen.

Am nächsten Mittag fahren wir noch einmal in die Stadt. Die Stimmung ist immer noch nach Feiern. Und die Valencianer zeigen uns, wie es geht. Es wird auch heute geballert, und gerade wird die Straße vermint, wo wir sitzen und die spanische Küche testen. Alle Leute werden aus den Kneipen und Geschäften auf die Straße geholt, da die Gefahr besteht, dass ihnen in geschlossenen Räumen die Trommelfelle platzen würden. Dann geht das Feuerwerk los. Ein Strang in der

Mitte der Straße, rund 300 Meter lang, wird gezündet. Jetzt sind wir mitten drin. Sascha bläht die Backen. Volli läuft um die Ecke, alle bohren verzweifelt ihre Finger in die Ohren. Die Ballerei erreicht unseren Schmerzpunkt. Nachdem das Band abgebrannt ist, hängt nur noch Rauch in der Straße, wir holen langsam die Finger aus den Ohren, um festzustellen, dass keiner einen Knallschaden hat, nur die Valencianer, die haben einen, mit Sicherheit.

Wir setzen uns und beschließen, weil die Tapas so gut sind und der Rum so lecker, hier sitzen zu bleiben und auf das Finale zu warten, das Abbrennen der großen Figuren. Als es dämmert, wird es auf der nahen Kreuzung, wo eine der wunderbaren Figuren aufgebaut ist, hektisch. In der Ferne können wir schon eine Figur brennen sehen, die ganze Straße steht in Flammen. Dann geht das Spektakel bei uns los, die Flammen schlagen hoch. Es gibt eine Art Feuertourismus: Man eilt von Brand zu Brand, und wir schließen uns einer spanischen Tourigruppe an, um Feuer zu sehen, eines schöner als das andere. Zum Schluss, als die letzte Figur brennt, sitzen wir wieder in einem spanischen Café und trinken heißen Kakao, in den wir die Churros stippen.

Morgen früh geht es ab nach Gelsenkirchen, was soll man zu Hause bloß hiervon erzählen?

KAPITEL 7

Die schönste Blumenvase Europas

Die Auslosung für das Halbfinale hat Teneriffa ergeben, wieder Spanien. Wieder fliegen, und das kurz nach Valencia, das gibt die Notkasse nicht her. Und irgendwie: Auf diese Badeinsel zu fahren, um Fußball zu gucken, da fällt die Entscheidung nicht schwer. Wir verabreden kurzerhand, das Auswärtsspiel als Fernsehabend im Fan-Laden zu gestalten.

Ein UEFA-Cup-Spiel im Fernsehen zu sehen, ist für jemanden, der das »Platz-Feeling« braucht, schon eine ungestüme Sache. Wie Raubtiere im Käfig irren einige umher, gehen in die Knie, rudern mit den Armen und verkrampfen als Salzsäule, den Kopf in Richtung Glotze ausgestreckt.

Das Spiel selbst ist völlig vermaledeit. Durch den verwandelten Foulelfmeter in der Anfangsphase führen die Spanier 1:0. Dann eigentlich die Chance, alles gut zu machen, ein Elfmeter in der Schlußphase für uns. De Kock schießt vorbei und läßt ratlose Gesichter im Fan-Laden umherstehen. Alle bauen auf das Heimspiel und die Atmosphäre dort. Der Trainer, die Mannschaft und die Presse, alle fordern den zwölften Mann im Stadion und pokern mit ihm.

Überall spürt man es: Schalke 04 ist wieder wer. Vorbei die Zeiten, wo man sich darüber ärgerte, dass allerorts in der Republik Kinder in Schwarz-Gelb flanierten. Man trägt wieder Blau und Weiß, und es ist deutlich zu sehen wie das Vertrauen in die Mannschaft wächst. Es gibt natürlich auch zweifelhafte Erscheinungen. Im Merchandising-Bereich explodiert der Schabernack. Es gibt jetzt mit dem Logo des Vereins Toaster, Joghurts, Senf, Milch, Nudeln, Würste. Es fehlt nur noch der Pariser mit Stadiongeschmack und in Vereinsfarben. Aber das Zeug geht weg wie warme Semmeln und füllt die Kassen des Vereins.

Endlich, das Spiel beginnt. Das Stadion ist, wie immer im UEFA-Cup, ausverkauft. Es ist die Geburtsstunde einer Gänsehautparty von den Zehen bis in die Nackenhaare. »Steht auf, wenn ihr Schalker seid« wird im Nachbarblock I geboren. Clive Lavrey hat den Stadion-Slogan aus England mitgebracht und pflanzt diesen Song in die Münder abertausender Schalker. Mit diesem Lied können wir gar nicht verlieren, den Rest macht die Mannschaft, die den Funken spürt. Schalke gewinnt das Spiel mit zwölf Mann hochverdient 2:0 und steht im Finale.

Jetzt ist so ein Moment, wo man innehalten sollte, wo man sich sagt, so Opa, Onkel Willi und Papa, wir sind im Finale. Ich sehe was, wovon auch ihr immer geträumt habt. Der FC Schalke 04 steht in einem Endspiel, und es geht um eine europäische Blumenvase, die die schönste ist, die man sich vorstellen kann.

Ich will ihn haben, den Pott, nicht für mich, na ja ein kleines bisschen, aber auch für Opa, Papa und Onkel Willi aus Emden und für alle die, die immer hingegangen sind in guten und in schlechten Tagen und die jetzt auf irgendwelchen Wolken die Daumen drücken und den Met kalt stellen.

Wir haben vieles zu organisieren. Für Mailand ist das Kartenkontingent sofort vergriffen. Für uns wird es eng, denn wir haben vor einem knappen Dreivierteljahr eine Parisfahrt mit den Fans aus Posen geplant. Dort findet ein Jugendfestival statt. Bus und Termine sind seit langem gebucht, genau in die Zeit zwischen den Endspielen. Wer konnte auch damals ahnen, dass wir Neckermänner im Finale um den UEFA-Cup stehen würden. Außer, fällt mir da ein, Sascha, der mir ja auf dem Flughafen in Trabzon diesen Zettel zuschob. »S04 – Inter Mailand: Endspiel«. Aber wer hört schon auf Sascha und seine Weissagungen.

Aber erst einmal das Spiel im Parkstadion, in das die Fans förmlich einschweben. Es ist nicht wie bei den anderen Spielen, die Luft brennt, und während des Spiels wird es manchmal sogar still im Stadion. Aber Anfeuerungsrufe und Mitfighten überwiegen dann doch.

1:0 durch Willi das Kampfschwein, 25 Meter vor dem Tor abgezogen, und unten links zappelt die Kirsche im Netz. In diesem Moment schlägt das Herz genau zwischen den Ohren. Verstand ade, später schiebt man sich schlanke Pilsgläser dazwischen und das Herz kehrt auf den alten Platz zurück. »Wir fahren nach San

Siro« hört man überall, und leise zischt man »und den Pott holen wir nach Haus«.

Fünfzig Polen fallen mit ihrem Gepäck in den Fan-Laden, und eine Woche vor dem Endspiel geht es los nach Paris, um dort unser Fanprojekt vorzustellen. Es ist schon grotesk, da steht man inmitten von 20 Kutten-Schalkern auf einem Festplatz in der Nähe von Paris. Ringsum Musik, Fressstände und Leute, die mit allem was zu tun haben, nur nicht mit Fußball, und die über allerlei Politisches diskutieren, zum Beispiel über den finalen Rettungsschuss, nur nicht über das Finale in Mailand. Anfangs gab's einige Irritationen über unseren Stand, über Sinn und Zweck unseres Fanprojektes. Aber gibt es etwas Schöneres als so genannten toleranten Menschen ihre eigene Intoleranz vor Augen zu führen? Polnische Hools und deutsche Kutten-Fans gemeinsam in Paris und das ohne Fußball, wenn das nicht allein schon ein Grund zum Nachdenken ist.

Die Franzosen hatten es nicht leicht mit uns und ihrer Art, Essen zuzubereiten und die Schalker von der heimischen Küche zu überzeugen. Regionales Currywurstdenken stand einigen im Weg, und so kam es zu mancherlei bemerkenswerter Begebenheit. Auf dem Weg zum Zeltplatz komme ich noch des Nachts an einem offenen Stand vorbei, in dem noch Licht brennt. Verwunderlich! Anscheinend gab es noch etwas zu essen. »Demi douzaine des huitres avec du vin« steht oberhalb der Bretterbude geschrieben. Keine schlechte

Idee, denke ich mir, bestelle mir sechs Austern mit einem trockenen Weißwein und lerne, dass die Franzosen Austern nicht nur auf der Bettkante, sondern auch auf dem Rand einer Luftmatratze genießen. Ich stehe da also mit meinem Schal und im Trikot und schlürfe Glibberiges mit Meerwasser und einem Spritzer Zitrone. Dirk aus Düren wankt behangen mit mindestens 15 Schals und blau-weißen Kordeln nebst Schlägermütze auf mich zu und sagt: »So fängt ein Witz an, den dir zu Hause niemand glaubt. Treffen sich zwei Schalker an der Austernbude….« Prompt muss ich der Auster, die gerade auf dem Weg Richtung Speiseröhre ist, wieder die Freiheit geben. Eines ist gewiss, die Auster lebt in diesem Moment noch, ob sie überlebt hat, wage ich zu bezweifeln.

Sebastian, Uszol, Mischau und ein westfälischer Vierkant aus Polen fahren direkt von Paris aus nach Mailand. Zwei Fahnen aus dem schwarzen Mercedes wehen im Wind, die von Lech und die von Schalke. Das Treffen in Paris ist vorbei, hat uns vieles gebracht, und wir freuen uns in San Siro auf ein Wiedersehen mit Freunden.

Die drei Busse des Fan-Ladens sind ausgebucht. Alle uns zustehenden Eintrittskarten sind vergeben und das Telefon steht nicht still. Ich will mit. Ich will haben, ich, ich, ich. Jahrelang Verschollene tauchen auf und ziehen an so mancher Jacke, erinnern an alte Zeiten. Nichten und Schwager, sonst eher die Kategorie »Rühr mich nicht an«, entdecken verwandtschaftliche

Gefühle. Jeder hat seinen Dreh, um noch an Karten zu kommen. Aber es geht nichts mehr, alles ist dicht. Ich erwische mich, wie ich auf mein eigenes Ticket starre und es manchmal an meine Brust drücke. Ich bin dabei, das ist sicher.

Einen Tag vor dem Mailandspiel wollen Volli, unser Drucker, und ich noch zum Coiffeur. Schließlich ist es ein besonderer Anlass. Bei 35-Mark-Perücken, also den Mopp-Trägern, habe ich immer bewundert, dass man sich für jedes Kaffeetrinken fein macht. Tun wir es den Tante Hedwigs gleich, sagen wir uns, und schmeißen uns für dieses Ereignis auch in blau-weiße Schale. Der Frisör staunt nicht schlecht über unsere Wünsche. Haare ab, enzianblau (HKS-43-Farbton) oben eingefärbt, hinten blond bzw. weiß eingefärbt, und mit dem Nackenrasierer »S04« in den Nacken geschoren. Wir treten aus der Tür, und sofort gehen alle Daumen in die Höhe: »Super, echt geil!« Und immer wieder »Schaaalke« auf dem Weg zum Fan-Laden. Eine Stadt im fiebrigen Ausnahmezustand, ein völlig neues Lebensgefühl für uns Gelsenkirchener, die wir hier ja nicht gerade mit lustigen und beschwingten Stadtvierteln und Zeiten gesegnet sind wie die in Berlin oder München.

Es ist 22 Uhr, die Busse kommen. Rasch leeren sich die Straßen, im Laden bleiben wenige zurück, die die nächsten 24 Stunden genauso wenig Ruhe finden sollten wie wir. Sie hatten noch aberhunderte von Flaschen aufzureißen und an den Fan zu bringen. Und wir sitzen im Bus, alles Leute, die man kennt, mit vielen war man schon nach Braunschweig in die Niederungen der zweiten Liga gefahren und hat Flugreisen nach Trabzon unternommen. Meppen und Schweinfurt noch vor Augen, Sonnenkönige und Drei-Tage-Präsidenten überlebt. Und den Muschelkönig aus Teneriffa, der jetzt wohl dicke Weiber stemmt. Hier sind Leute, die sich nicht mal umziehen müssen, um gegen die aus der Nähe von Lüdenscheid zu gewinnen.

In den Alpen liegt noch Schnee, in dem wir unterwegs gelbe Löcher hinterlassen.

Das Meazza-Stadion ist von außen eine echte Enttäuschung. Es sieht aus wie ein Parkhaus mit runden Ecken, irgendwie unspektakulär. Egal, es geht in die City, per Straßenbahn, deren Quietschen und Eiern an Ost-Berlin erinnert. Der Domplatz ist blau-weiß, zehntausend Schalker feiern eine riesengroße Party, es wird fotografiert, dass die Herzen der Manager von Agfa und Kodak schneller schlagen. Im Dom selbst ist es still. Viele Schalker sind mit Kerzen Richtung Altar unterwegs. Das alles hier ist kein Flachs. Wer hier eine Kerze deponiert, ist mit seinen Gedanken beim Spiel.

Draußen jedoch, in den Einkaufspassagen, ein wildes ungezügeltes Bild, Schalker mit freiem Oberkörper, die mit Pauken und Trompeten verkünden: »Attacke Schalke«. Wir suchen uns ein etwas ruhigeres Lokal, bestellen ein paar Bier und staunen nicht schlecht über das legale Wegelagerertum, als man uns die Rechnung präsentiert. Diesen Betrag hätte ich zu Hause nicht mal an einen herausgegeben, der mit gezückter Stichwaffe vor mir gestanden hätte. Aber egal, Finale!, sagen wir uns.

Zum Stadion, endlich. Einen Kilometer ist die Schlange lang, die sich vor dem Eingangsbereich bildet. Nach einer Dreiviertelstunde sind wir an der Reihe. Die Fahne wird uns abgenommen. 99 Mark ade. Wir haben aufblasbare Plastikhämmer für dieses Spiel im Bus verkauft, und auch dieses Hartgeld soll nun einfach in die Ecke geworfen werden. Weil es im Stadion als Wurfgeschoss dienen könnte. Ich rufe nach dem Obermufti, der bleibt aber stur! Dass den Leuten die Feuerzeuge abgenommen werden, ist ja noch spaßig, aber das mit dem Geld erregt auch die Heiterkeit im Schalker Umfeld. Letztendlich lassen sie ab von diesem offenen Raub und widmen sich ihrer Souvenirsammelei.

Endlich im Aufgang zum Stadion, es ist eng, düster und gar nicht so groß, wie von außen vermutet. Dann treten wir in das Licht. Erst jetzt höre ich das Stadion. Alle Sinnesorgane sind angespannt. Als erstes fällt mir auf, Nordkurve, wir sind vom Empfinden her in der Nordkurve. Gänsehaut kriecht meinen Körper entlang. Es ist, als ob man schwebt. Es trägt einen auf den Platz. Für diesen Moment bin ich nicht mehr ich, nur noch Fußballfan. Ich sehe, denke, schmecke, rieche mit den Organen des Fans. Ein Stadion riecht und kommt in meine Ohren. Ich sehe nichts anderes als Stadion, und ich höre auch kaum noch Stuart neben mir.

Der Rasen liegt noch ohne Bewegung. Doch alles andere ist schon im Spiel. Wohl zwanzigtausend sind den Knappen gefolgt. Ich sehe den verletzten Youri Mulder in einem schnieken Anzug auf der Gegengeraden. Ich denke, schade, schon wegen Valencia hätte er es verdient, hier auf dem Rasen zu stehen. Er ist unser Motor in diesem UEFA-Cup-Wettbewerb gewesen, und ich verwünsche mal wieder Reich, den Karlsruher, dem Youri seinen Anzug zu verdanken hat.

Anpfiff. Dutzende von Plastikflaschen und Bechern, vollgestopft mit Fäkalien, prasseln auf uns nieder. Alle unsere abgenommenen Feuerzeuge verfehlen uns nur knapp. Völlig durchgeknallte Tifosi verleiden uns die Anfangsphase des Spiels. Dennoch, allmählich verschwimmt man mit den Akteuren auf dem Rasen, schaut, schreit und denkt nur noch an das Spiel. Halbzeit 0:0. Wir stehen unter Druck, aber wir behaupten uns, bloß wie lange noch?

Dann ist eigentlich schon die Schlussphase, die Daumen sind prophylaktisch gedrückt. Wäre es nur bei diesem Spielstand geblieben. Aber es kommt zu dem verwunschenen Gegentor, das uns in die Verlängerung bringt. Alles ist offen, und die Stimmbänder am Rande der Belastbarkeit angelangt. Die Verlängerung überstehen beide Teams torlos und jetzt gibt es auch noch Elfmeterschießen. »Oi, oi, dat packen wir nie, dat is' nich' unser Dingen!«, sagt ein alter Mann vor mir, und ein anderer: »Glaubst du nicht an einen Fußballgott? Der muss uns für die letzten beschissenen Jahre beistehen.«

Schon geht's los. Jede Sequenz dieses Elfmeterschießens ist Geschichte. Der verwandelte Schluss-

punkt von Marc Wilmots läßt die Schalker Kurve
schweben. Langsam heben die Menschen vom grauen
Beton ab, schweben durch die Lüfte. Viele ringsum,
mich eingeschlossen, weinen hemmungslos. Wir liegen
uns in den Armen und wissen: »Fußballleben, bitte
ende hier.«

Auf dem Rasen die Mannschaft in überschäumen-
der Freude. Youri hat seine Anzugjacke ausgezogen
und schwenkt sie wie eine Fahne. Der Pott ist unser.
Ich kann gar nicht glauben, dass unsere Jungs ihn in der
Hand halten, und ich seh's doch. Die Kurve singt,
weint, schluchzt, brennt, feiert, schwebt, und mittendrin tanzt Stuart, mein Freund aus Mansfield in England, leidenschaftlicher Manchester-United-Fan, und
einer der wenigen, in dessen Brust zwei Herzen zu-
gleich schlagen.

Wir haben seit vier Stunden nichts getrunken, und
nun treibt uns nach der Glückseligkeit im Stadion der
Durst nach draußen. Eine seltsame Leere überfällt uns.
Draußen vor dem Tor steht ein dreirädriges Moped
mit Aufbau und verkauft 0,2-l-Flaschen Bier. Wir wollen 17 Flaschen, zahlen dafür ohne Widerspruch 170
Mark und ziehen uns auf eine Bordsteinkante zurück.
Wahnsinn, erst mal Prost, Wahnsinn, keiner ist fähig
loszulassen, es ist fast ruhig. Das Spiel hat Kraft gekostet, auch die von uns Fans. Unentwegt umarmen wir
Bekannte, aber die Stimmung ist eher feierlich als eu-
phorisch.

Es soll losgehen, der Fahrer drückt auf die Hupe.
Just in diesem Moment fährt ein schwarzer Mercedes

vor, Uszol, Mischau, Sebastian und der westfälische Vierkant. Die Polen fallen uns in die Arme. Sofort ist das Autodach vollgestellt mit Wodkaflaschen und Apfelsafttüten. Bernhard übersetzt wie immer, und wir mixen die Drinks. Jetzt erst realisiere ich wirklich, dass wir den UEFA-Pokal nach Hause mitnehmen: So herzlich sind die Glückwünsche der Posen-Fans.

Auf der Rückfahrt geben die beiden Busfahrer alles und holen aus den Bussen heraus, was in ihnen steckt. Wir wollen pünktlich zurück sein zur Siegesfeier am Rathaus, wir wollen ihn von nahem sehen, den UEFA-Pokal. Endlich sind wir da, endlich wird die Stimmung im Bus ausgelassener und wacher, endlich steigen wir am Hauptmarkt aus. Überall tanzen Leute herum: Auch in Gelsenkirchen sind in dieser Nacht die Kronkorken geflogen.

Das Timing stimmt. Die Spieler sind im Rathaus und zeigen den Pokal. Es sind nur ein paar Schritte bis hin zu der feiernden Traube unterhalb der Fenster, wo der Sekt in jeglicher Form durch die Luft fliegt: gespritzt, gespuckt, geschäumt, gesprüht und von oben auf die Menge prasselnd. Wie oft hat man solche Szenen schon gesehen. In München, in Bremen, oder man hat von ihnen gehört in der Nähe von Lüdenscheid. Aber unsere Blauen, da oben mit der Blumenvase in den Händen, das ist es, das rührt, und auch hier fließen wieder Freudentränen.

Vom Rathaus geht es im Konvoi der Spieler langsam Richtung Stadion, das schon gut gefüllt ist und auch auf den Pokal wartet. Den ganzen Weg vom Rathaus bis hin zur alten Glückauf-Kampfbahn laufen wir mit der Mannschaft, langsam im Schritttempo. Jeder kann mit jedem sprechen. Andy Müller hat für sich das Bier entdeckt und stößt dauernd mit irgendwem an. Ich denke kurz an sein Tor in der 90. Minute gegen Bayern, das dies alles möglich gemacht hat. Youri geht bei Görsmeier erst mal ein Bier trinken. Rudi, der Manager, wird nicht müde zu rufen »Ist doch besser als die Scheiß Schüssel« und reicht jedem den Cup, der ihn berühren will. Yves sieht meine Haarpracht, lacht sich kaputt und ruft nur: »Andermal..., du siehst ja, was los ist.«

Oh ja, ich sehe, was los ist. Ich laufe durch Schalke, mein Schalke, »anne Grenzstraße« vorbei. Kuzorra wurde einst vom schwedischen König gefragt, wo denn dieses Schalke überhaupt liege, und als Antwort gab er: »Anne Grenzstraße«. Weiter über die Berliner Brücke, unter mir die Thyssen Draht AG. »Hier habe ich mal vier Jahre in Wechselschicht Draht gezogen«, erkläre ich Stuart. Ich erzähle ihm von den Zeiten früher, als die Kurt-Schumacher-Straße vor der Glückauf-Kampfbahn voll war von Menschen anstatt von Autos, und wie sich alles verändert hat. Und neben uns fährt im Schritttempo der UEFA-Pokal, diesmal in den Händen von Marc Wilmots.

Wen kümmert es, wenn wir in dieser Saison nur auf einen der unteren Tabellenränge rutschten. Wir haben den Pott, und der macht ab jetzt in Gelsenkirchen die Runde. Eine 80 Zentimeter hohe Blumenvase, aus Silber gehämmert, innen golden und außen mit kunstvollen Einlegearbeiten verziert, wird fotografiert und bestaunt. In den umliegenden Museen gibt es mit Sicherheit Schöneres und künstlerisch Wertvolleres zu bestaunen. Aber nichts hat diesen sakralen Pilgerstatus. Kinder, gerade von der Entbindungsstation entlassen, werden in die Öffnung hineingehievt und fotografiert. Tausendfaches Blitzlicht scheint dem Pokal noch mehr Glanz zu verleihen. Es ist wie Lourdes, man fährt mit der Familie zum Pokal, lobpreist die Helden und fährt geheilt nach Hause. Schalke Unser und Schalke sei Dank.

KAPITEL 8

Schalker Seele im Korsett

Wie soll man jetzt wieder in Normalität Fußball spielen, nach so einer Zeit? Die Antwort ist einfach, wie immer beim Fußball: mit dem Ball.

So ging sie wieder los, die Liga, und auch ein paar internationale Begegnungen gab es noch, als UEFA-Cupsieger waren wir ja wieder dabei. Doch davon sind nur Fragmente übrig geblieben. Ein umgefallener Zaun in Anderlecht. Ein nackter Fan in Braga. Ein zweiunddreißigstöckiges Plattenbauhotel in Prag.

Dass es nach dem Gipfelsturm erstmal wieder abwärts ging, merkte man erst langsam, Spiel für Spiel, und auch daran, dass man wieder mehr Zeit hatte für anderes. Für alte Freunde etwa.

Zum Beispiel ist da noch diese Ringeltaubenfreundschaft, ein wirklich seltenes Exemplar. Es gibt tatsächlich jemanden aus der Nähe von Lüdenscheid, sogar einen der Eifrigsten unter deren spärlichen Aktiv-Fans, der im Laufe der Jahre mit vielen Blauen eine aufrichtige Freundschaft pflegt, ohne an seiner schwarz-gelben Seele Schaden zu nehmen. Wolle heißt er und hat in diesen Wochen das gleiche Schuhdrücken und die gleichen Bauchschmerzen mit seinem Herzblut-Verein. Er ist ein leidenschaftlicher Fan und prima Mensch, im Grunde ein Schalker, nur mit dem falschen Verein.

Gemeinsam sind wir noch nie ins Stadion gegangen, egal zu welchem Spiel, wie auch! Aber es ist irgendwie ein beruhigendes Gefühl, ihn in der gegnerischen Kurve zu wissen. Und bei jedem Tor gegen die neongelben Leuchtkäfer stelle ich mir sein Gesicht vor, und so werden selbst Spiele dieser Mannschaft im TV schön.

Apropos Freundschaften und Nachbarschaftsduelle mit den Schwarz-Gelben: Es gibt natürlich Gemeinsames zwischen den Fans. Nicht nur, dass der schwarzgelbe Anhang in der Nachbarstadt genauso wie wir mit den Folgen der Kommerzialisierung zu tun hat. In die Kategorie Unverständnis fallen auch dort die hausinternen Schachzüge. Da wird rochiert, übersprungen, geparkt oder ein Bauernopfer gebracht, und ich stehe in Blau-Weiß genauso belämmert daneben wie Wolle in Schwarz-Gelb.

Schindluder mit den Gefühlen der Fans wird aber auch getrieben, wenn gewisse Profis den Heiligen Gral suchen, oder den Duckschen Tresor mit Sprungbrett in die Taler bevorzugen.

Dass sich einer der Unsrigen gerade beim Nachbarverein verdingt, ist eines der unbegreiflichsten Dinge in meinem Fanleben. Da kann ein Herr Kohl mit vollen Koffern durch die Lande reisen und ich sag' mir, gut, das habe ich mir schon immer gedacht. Aber dies, dieser Wechsel, nee, aus einer Laune heraus, das trifft ins Mark und relativiert so manchen gehaltenen Elfmeter und auch das Spiel in Mailand. Zurück bleibt ein schaler Geschmack, diesen Torhüter einmal zu den Besten seiner Zeit gezählt zu haben. Man wünscht sich aus der Fernsehsendung »Kobra, übernehmen Sie!« solche Effekte, dass sich alle Autogrammkarten, Unterschriften auf Bällen und Mannschaftsfotos in Luft auflösen und dass auf Videos Szenen verschwinden. Dass das alles nicht wahr ist, dass zwar der Erfolg der Mannschaft bleibt, aber dieser schwarze Schatten über uns sich verzieht.

Doch die Schatten werden dunkler und länger, und sie werden breiter. Es läuft nicht mehr, die Liga macht schwere Beine und der Schwung ist irgendwo stecken geblieben. Die Motivation fehlt auf den Rängen und auf dem Rasen. Es ist, als ob man in Wartestellung verharrt, bewegungslos. Der UEFA-Cup-Bonus ist längst verspielt. Die Zuschauer fordern wieder, aber diesmal mit beißendem Unterton: »Steht auf, wenn Ihr Schalker seid.«

Man kann Erfolg nicht pachten oder sich herbei kaufen, diese Erkenntnis ist nicht neu. Aber wenn man sie macht, ist sie immer wieder schmerzhaft. Und so fallen wir von einer Saison in die nächste mit dem Ruf: »Wann haben diese Leiden mal ein Ende?« Und die Antwort: »Wenn die neuen Leiden beginnen.«

Fußball ist schon lange nicht mehr nur ein neunzigminütiger Kick auf dem Rasen. Egal wie es dort läuft, auf jeden Fall wird am Umfeld poliert. Auch in Gelsenkirchen tat sich in dieser Hinsicht manches. Der Stadion-Neubau, die Arena »Auf Schalke«, wird symbolisch durch Pfahleinschlag für einen der Tribünenträger begonnen. Präsident Rehberg und Olaf Thon legen sozusagen den Grundstein für ein neues Schalke.

Da stehe ich nun einen Steinwurf vom Parkstadion entfernt auf schlammigem Wiesenacker, und mit mir sicher 3000 andere Schalker. Irgendwie wird mir kalt. Neues Schalke, sag ich mir. Na, was da wohl kommt. Hier gleich über mir werden einst die Tribünen sein. Ich rede mir ein, schon etwas von der gewaltigen Stimmung zu hören, die wohl bald hier herrschen soll, aber ich höre nur die Bergmannskapelle im Hintergrund, und nun lockt auch die Bratwurst und das Sponsorenbier, beides für eine Mark. Schließlich ist heute ein Feiertag. Ich denke an Günter Eichberg, der auch solch ein Stadion wollte, aber an sich selbst scheiterte. Ich denke an Rudi Assauer und an meine Halsschlagader aus vergangenen Tagen und ich denke, dass auch das Schalke ist. Und ich hoffe, dass es Schalke bleibt, obwohl mir dieses Großprojekt auch Angst einflößt. Werden wir ein neues Zuhause bekommen, für die Tradition, wie es Hochglanz-Prospekte versprechen? Oder wird die Schalker Seele in ein Korsett gesteckt, das uns nicht passt?

Sportlich treiben wir jedenfalls im Moment in nicht gerade spitzenverdächtigen Sphären. Es plätschert eher. Verletzungen werfen uns ständig zurück, aber dieses Pech haben auch andere Manschaften. Die Ersatzbank dümpelt vor sich hin und ein leuchtender Stern ist nicht in Sicht. Talente ja, aber langsam verliert man die Lust, auf den einen oder anderen zu hoffen und ihm mehr zuzutrauen als das, was man auf samstäglichen grünen Rasen sieht.

Neue Fans, die Schalke vor allem als UEFA-Cup-Sieger kennen, machen sich durch Pfiffe Luft. Ihnen kann man nicht mit Geschichten aus der zweiten Liga kommen, und auch nicht mit »Datt is Fußball«. Die Anhängerschaft ist gespalten. Viele halten den Ball flach und wissen, dass wir schon schlechter in der Tabelle gestanden und gespielt haben. Aber viele wollen mehr. Champions League und Meisterschaft sind erklärte Ziele und es tut weh: das Gepfeife und das jetzige Schalke.

Auch im Fan-Laden dachten wir noch über die UEFA-Saison nach: Wie konnten wir dieses Ereignis, vor allem diese Völkerwanderung zu den Auswärtsspielen, bloß auf Dauer festhalten. Es war nicht schwer, Fans um Fotos und Dokumente von ihren Reisen zu bitten. Und so entstand nach und nach eine Fotoausstellung, die später auch als Wanderausstellung Furore machen sollte. »Und gehen die Schalker auf die Reise«, war der Titel, und sie wird mit Sicherheit erst in ein paar Jahren so richtig an Bedeutung gewinnen.

Entstanden ist ein Porträt von den Auswärtsfahrten der blau-weißen Fangemeinde, und wie sie sich durch Europa schlängelte. Da konnte man sehen, wie der Fanklub Spaghetti Schalkonese aus Aachen zu Fuß über die Grenze nach Kerkrade zum Spiel lief. Impressionen auf dem Flughafen von Trabzon, vom Brügger Schneegestöber, von Valencia und vom Dom in Mailand und natürlich von der schönsten Blumenvase der Welt.

Yves, der zu dieser Zeit an seiner schweren Verletzung im Knie laborierte, ließ sich jetzt häufiger im Fan-Laden sehen. Wir mussten ihn nicht lange bitten: Bereitwillig beteiligte er sich an den Ausstellungsarbeiten. Tagsüber war es meist nicht möglich, in Ruhe zu arbeiten, denn draußen drückten sich jede Menge Kiddys die Nasen platt an den Fenstern und kommentierten jede Gestik. Es ist wohl einfacher, unter »Yves«-Rufen zu spielen als Fotos zu schneiden. So kam es zu einer dieser Nachtschichten, wo außer der anfallenden Arbeit auch noch anderes geschaffen wird und Freundschaften entstehen.

Yves und ich kannten uns schon von Aktionen wie Flugblattverteilen in der Innenstadt, von einer Buchvorstellung bei Bosch an der Glückauf-Kampfbahn und hatten auch aufgrund seiner Rolle als Gastautor im »Schalke Unser« oft miteinander zu tun. Aber seit jenen Nächten verbindet uns nicht nur der Fußball.

Jetzt lerne ich eine andere Seite im Fußball kennen, die mir bislang fremd war und die mir nicht gefällt. Im Laden ist es manchmal schwer ein Gespräch zu führen, wegen der plattgedrückten Nasen am Schaufenster. Normale Besorgungen des täglichen Lebens werden in der Öffentlichkeit zum Event. So auch ein Besuch bei einem Boots-Discounter, der wird kurzerhand von den Kunden zur Autogrammstunde umfunktioniert. Selbst die sonst so coolen Verkäufer kreischen den Namen Yves laut heraus und machen sich auf die Suche nach Papier und Filzstift für Autogramme. In jenem Moment sage ich mir, es hat auch seine Schattenseiten, das Leben eines Fußballprofis, und auch das Geld, was man damit verdient, hat seinen Preis. Als Außenstehender ist es leicht zu sagen, ist doch toll, und genau danach sehne ich mich. Wie immer im Leben gibt es zwei Seiten einer Medaille.

Irgendwann in jenen Tagen unternahmen wir eine Motorradtour nach Holland, in die Nähe von Arnheim. Des Abends saßen Yves und ich in einer Hafenkneipe bei einem Tässchen Grolsch, und es dauerte nicht einmal zehn Minuten, bis sich vor unserem Tisch eine kleine Schlange von Kindern gebildet hatte, die artig um ein Autogramm baten. Alle im Schalker Trikot. Weiß der Teufel, wie das so schnell im Ort die Runde machen konnte, dass Yves hier sitzt, und wie dann alle in ihre Trikots geschlüpft sind. Als wir uns später in der Dunkelheit auf dem Bootssteg herumtrieben, asteten uns noch zwei Trikots in Größe 158 hinterher und baten um ein Foto.

So schön und erquicklich solche Situationen sind: Sie zeigten mir, wie wichtig und wertvoll ein Privatleben in Anonymität ist. Tags drauf beim Schwimmen rauscht noch ein mit Blagen vollgestopftes Schlauchboot an uns vorüber, und eines der Kids bemerkte lapidar: »Ey, kumma, der da sieht aus wie ein Schalker Spieler.« Sie düsen mit ihrem 5-PS-Motor davon und wir schwimmen weiter und lachen uns kaputt über diese Bemerkung im astreinen Ruhrpott-Slang, und das hier in Holland.

Was in diesen Tagen an Fußball gespielt wurde, war nicht erwähnenswert. So richtig warm wurde einem eigentlich nicht mehr im Stadion. Irgendwie war schon der berühmte Wurm unterwegs, in Richtung »drin«. Alles hatte Substanz gekostet und zu den laufenden Spielen konnte man bestenfalls behaupten: Es passiert nie nichts!

Und so passieren eben auf dem Rasen Dinge, die ihre Eigendynamik haben, und genauso ist es bei den Fans. Es ist, als ob man eine Tür aufstößt, ein Schritt herein macht und sich umdreht, um doch noch mal zurück zu gehen. Aber die Tür ist schon ins Schloss gefallen. Man hat den ersten Schritt auf einem neuen Weg getan, und ein Zurück gibt es nicht mehr.

Viele Fans taten einen solchen Schritt am Ende der erfolgreichen UEFA-Cup-Saison. So mancher ist damals über sein Limit hinaus gegangen. Hat sich, um auswärts dabei zu sein, bei seiner Bank den Dispo erhöht oder noch ärgere Schulden aufgehalst. Oder seine private Beziehung bekam im Laufe des Wettbewerbs das letzte i-Tüpfelchen und ein Neuanfang mit Umzug stand an. Manchmal gab es aber einfach nur den Schwur: Das war's erst mal, nicht mehr ins Stadion auf Schalke, aus welchen Gründen auch immer: no Alkohol, tschüss Kumpane und schönen Tag noch.

Es tat sich was unter den Fans. Viele betrachteten den Cup als Abschlussveranstaltung. Man sah sie einfach nicht mehr und man hörte nichts mehr von ihnen. Es kam zu einem richtigen Strukturwandel unter den Fans, und auch in der Fan-Initiative wurde die Luft dünner. Nicht nur in die Herzen wurden Löcher gerissen, auch in unsere Kassen. Avant perdu.

Es fällt mir nicht leicht, dies zu sagen, aber ich kenne jetzt auch ein paar von diesen blau-weißen Ärschen, bei deren Anblick ich die Straßenseite wechsle. Und in der Initiative gab es Sitzungen und Stammtische, die besser in den rheinischen Karneval gepasst hätten. Wenn zum Beispiel darüber doziert wurde, wie man durch ein freundliches Gesicht den »Schalke Unser«-Verkauf ankurbeln könnte. Wie früher, beim seligen Spartacusbund. Oder wie heute, bei diesen Verkaufskanonen des Wall-Mart-Konzerns. Gott sei Dank dauerte die Ära der Pappnasen nicht allzu lange, und sie sanken langsam auf den Grund der Weltgeschichte und bringen nun woanders Leben in die Bude.

Warum sollte auch das Leben gerade vor König Fußball Halt machen. Um den Ball dreht sich die Welt, heißt es, nicht umgekehrt. Das einzig Kontinuierliche ist die Veränderung, und so zieht man auch fortan in verschiedene Richtungen. Manchmal allerdings holt uns der Muff vergangener Tage ein.

Eines Nachmittags wird die Tür des Fan-Ladens aufgerissen, ein paar Blaue kommen aufgeregt herein und haben blutige Nasen und Platzwunden. Während wir nach dem Heimspiel im Laden schon die TV-Kiste flimmern ließen, das 0,33-Litrige tranken und auf den Spielbericht in »ran« warteten, war es vor dem Stadion zu einer wüsten Keilerei gekommen. Einige Bollos mit rot-weiß-schwarzen Schals, auf denen »Vaterland« und »White Power« geschrieben stand, waren nach dem Spiel losgetrampelt. Dabei hatten sie lauthals geschrien: »Hier marschiert der Nationale Widerstand.« Hardy berichtet sauer: »Und das in unserem Stadion. Offene Nazi-Parolen, und keiner sagt was!«

Es ist schwer, passende Worte zu finden für ihn oder für Michael von den Düsseldorfer Jongens. Dem rinnt noch immer Blut auf sein Trikot. Man ist es leid, sich gegen diese Hohlköpfe zu wehren. Wozu ist so viel Polizei im Stadion. Den Verein haben wir schon lange darüber informiert, was für Dinge da laufen und dass beispielsweise Fascho-Schals verkauft werden. Nichts ist passiert. »Ich möchte doch nur auf den Platz gehen und mich nicht über diese Nazi-Sprüche ärgern müssen. Einfach nur Fußball-Gucken!«, sagt einer, den es arg erwischt hat.

Die Stimmung ist auf dem Nullpunkt. Später treffe ich Hardy und ein paar andere am Bahnhof. Da proben sie in ihrem angetrunkenen Rausch irgendeinen Schamanentanz nahe am Gleis, aber morgen wird er sich genau wie ich fragen, warum das Ganze und was hat das noch mit den Blauen zu tun.

Trotz allem habe ich gerade durch den Fußball meine besten Freunde kennen gelernt. Das begann oft auf Partys, als dort noch getanzt wurde und man in irgendeiner Ecke stand und über Dinge redete, die im Laufe der Jahre unwichtig wurden. Aber es gab auch Themen, die damals schon Bedeutung hatten, wie zum Beispiel ein grandioser Pokalfight, und die ihre Bedeutung behielten. Diese Gespräche waren Grundlage so mancher Freundschaft, und sie festigten so manche Bande, die bis heute halten.

Stuart, mein Freund aus Krefeld, erlebt gerade in diesen Tagen, wo in Schalke nichts zusammenlief, seine Highlights. Er, der seit knapp einem Jahrzehnt alle Spiele der Blauen verfolgt, ist ja gebürtiger Manchester-Fan und, wie gesagt, schlagen zwei Seelen in seiner Brust. Wir dümpeln so durch die Liga und einer sitzt neben mir, der nur noch strahlt. Champions League ist das Zauberwort, auf das er mit glänzenden Augen reagiert. Wenn er kann, ist er dabei in Manchester, oder auch auswärts.

Ich erwische mich dabei, dass ich meine Besuche bei ihm immer so lege, dass ich ein Spiel der englischen roten Teufel damit verbinden kann. Hier in Krefeld hat nämlich das Pay-TV bereits Einzug gehalten und Fußball gibt's in England schon zum Frühstück. Vor Jahren war ich mal in Liverpool an der Anfield Road und seither stehe ich zu diesem Arbeiterklub und seinem Stadion mitten in der Stadt. Die Trainingsplätze hinter dem Stadion, jedenfalls zwei davon, waren asphaltiert, das hat mir sehr imponiert. Wer so trainiert, der muß hart im Nehmen sein, dachte ich mir und wurde Fan dieses Klubs. Irgendwie hatte ich das Gefühl, dass hier ein bisschen Schalke ist.

Also foppen wir uns oft vor einem Spiel der Blauen, Stuart und ich, und ich wünsche den Insel-Bayern die Pest an den Balg. Eines Samstags traten die beiden Teams mal wieder gegeneinander an, Liverpool und Manchester. Es war ein Pokalspiel, und der Verlierer kann den Wettbewerb abhaken. Ein wunderbares Spiel begann.

Liverpool führt 1:0 und ich schaue triumphierend auf Stuart, der seelenruhig sagt: »Warte ab!!!« Es ist kurz vor Schluss, Solskjaer - ein, wie Stuart sagt, Goalgetter - wird eingewechselt. Es ist jetzt schon die 89. Minute und ich traue meinen Augen nicht, der Ausgleich und ein grinsender Stuart neben mir, der in dieser Situation auch noch sagt: »Warte ab!« Die 91. Minute, Nachspielzeit. 1:2 durch Solskjaer. Abpfiff.

Ein völlig zufriedener Stuart lehnt sich zurück und meint nur: »Wie immer!« Ich kann es nicht fassen und ärgere mich für Liverpool, das in diesem Spiel wirklich viel mit dem Schalke jener Tage gemein hat.

Viel später an einem schönen Sommertag. Yves und ich hatten uns verabredet, um auf den Tetraeder zu steigen, einen der höchsten Punkte im Ruhrgebiet, um uns das Revier von oben anzuschauen. Es war herrliches Motorradwetter, und die paar Kilometer nach Bottrop reichten kaum, um die Motoren warm zu fahren. Dafür kamen wir beim Aufstieg zum Tetraeder in dem Motorradzeug ins Schwitzen. Immerhin beruhigte es mich als Fan, dass klare Konditionsunterschiede zu spüren waren.

Oben herrschte klare Sicht und wir nahmen alles genau in Augenschein. Wenn du in Berlin oder München an solch einem Aussichtspunkt stehst, kannst du sagen: Da ist die Siegessäule, da der Alex und dort der Reichstag oder da hinten die Alpen. Hier im Ruhrgebiet gibt es andere Fixpunkte: Siehst du dort die Chemischen Werke Scholven, den Gasometer von Oberhausen, die Essener City, die Zeche Zollverein. Und da hinten natürlich das Parkstadion. Ist irgendwie auch schön, und gewaltig anzuschauen.

Plötzlich fiel mir ein, Mensch, Stuart ist doch in Barcelona und seine Roten spielen heute gegen die Bayern. Champions-League-Endspiel, und ein Bayern gegen ein anderes Bayern.

Yves hat nichts weiter vor und so laden wir uns kurzerhand zum Hähnchenflügelwettessen bei Paul und Heike in den Garten ein. Der Fernseher steht schon unter dem Sanddornstrauch und die Hähnchenteile knuspern in asiatischer Marinade auf dem Grill. Mann, sage ich mir, hätte ich nicht gedacht, so eine grandiose Stimmung in Barcelona, und freue mich für Stuart, der dieses Finale dort mit einer anderen Herzfrequenz verfolgt.

1:0 für Bayern, und ich sag nur: »Wartet ab!« Die 90. Minute, ich glaube, ich spinne, 1:1. Verlängerung, rufe ich und hole mir lachend ein Bier aus der Küche. Ich komme zurück, gucke auf die Mattscheibe und frage mich, wie oft sie die Wiederholung von diesem Tor noch zeigen wollen. Es ist aber gar nicht der Ausgleichstreffer, den sie da zeigen. Yves ist blass und sagt nur was von wegen 1:2 durch Solskjaer. Ich sehe im Fernsehen das Gesicht von Lothar Matthäus, fange an zu lachen und freue mich für Stuart.

Yves meint, das gönne ich niemand, noch nicht mal den Bayern. Ich sage nur »Wunderbar!« und bin gerne anderer Meinung.

Aus Schalker Sicht ist es ein Tag wie all die anderen nach unserem UEFA-Cup-Sieg, trotzdem genieße ich für einen Moment ein Gefühl der Genugtuung.

Seither ist es nicht leichter für mich geworden, Stuarts Grinsen zu ertragen. Sein Verein hat das Triple erreicht, Pokal-, Liga- und Champions-League-Sieg. Schalke dagegen rutscht in die untere Hälfte der Tabelle. Es gibt sie manchmal auch im Fußball, die »bleierne Zeit«. Es geht nicht vorwärts und nicht zurück, und man besinnt sich auf noch schlechtere Zeiten.

Als Schalker ist man von der Mentalität eher ein Grieche. Hoffnungsloser Optimist. So habe ich jedenfalls die Griechen kennen gelernt, als ich ein Jahr lang dort unten gearbeitet habe. Optimisten, und immer hart am fröhlichen Selbstbetrug, genau wie wir Schalker. Einen Film wie den Klassiker »Alexis Sorbas« sehen wir mit anderen Augen als normale Leute. In diesem Film wird in mühevoller Klein- und Sisyphusarbeit etwas aufgebaut (eine Seilbahn), was wenig später wie ein Kartenhaus in sich zusammenklappt. Und die heitere Erkenntnis dieses Scheiterns ist: »Hast du jemals im Leben etwas so herrlich zusammenkrachen sehen!«

Das habe ich mir schon oft gesagt: beim Schlusspfiff eines verkorksten Spieles, nach dem Rücktritt irgendeines Vereinspöstchens, nach Skandalen oder Spielerwechseln. Ich lese davon in der Zeitung und denke mir, egal, je schlechter es ist, desto besser kann es werden. Nur wer die Täler durchschritten hat, weiß die Höhen zu schätzen.

Epilog

Anfang Januar, Donnerstag, im Jahre 2023. Ich suche nach meinem Schal. Die Erkältung ist schlimmer geworden. Wieder mal war nach dem Spielbesuch die Air Condition in der Magnetbahn zu niedrig eingestellt. Ist immer dasselbe. Mit 24 Grad ist es im Stadion einfach zu warm. Da werde ich wohl nicht der einzige sein, der sich gestern einen Fips geholt hat.

Aber gelohnt hat es sich allemal auf'n Platz zu gehen. Das war was, gestern im Block 38, endlich mal wieder ein Spiel ohne Vorprogramm, ohne Cheerleaders und die lästigen Werbeeinschaltungen während des Spiels.

Hat was, diese Ligapause, die gespickt ist mit Vorbereitungsspielen. Ein bisschen erinnert mich das an früher, als es auf'm Platz nicht nur schön, sondern am wichtigsten war. Aber wer will das noch wissen.

Jedenfalls werde ich morgen wohl wieder hingehen. Die Blauen spielen dann gegen den FC Quito. Keine schlechte Idee vom Manager, ein ganzes Flugzeug mit Fußballteams aus Ecuador zu chartern, um hier in der Winterpause nicht einzurosten. Ich bin überrascht von der völlig anderen Spielkultur. Man kennt allerdings niemand von denen, wie auch. Wenn da einer halbwegs den Ball flach halten kann, wird er schon mit 15 von einem der großen Liga-Vereine engagiert. Wer da durch das Netz der weltweiten Späher huschen will, der muss schon in einem Keller trainieren oder im Knast sitzen. Und heiß auf die Top-Vereine sind ja eigentlich alle. Es ist für viele die einzige Möglichkeit, dem Chaos dort zu entfliehen. Hin zu den Fleischtöpfen.

Wenn ich mir den Peralta anschaue, wie gut der letztendlich »auf Schalke« passt, und was hab' ich geflucht über diesen Transfer vom FC Bogota. 105 Millionen und ein neues Leistungscenter, eine Art Joint Venture, allein für Peralta, das ist 'ne Menge Kohle für jemanden, der aus dem sportlichen Nichts kommt. Aber eingeschlagen hat er dennoch. Wenn sich Peralta den Ball von der Mittellinie schnappt, den Ersten stehen lässt, zwei umkurvt und den Vierten tunnelt und dann noch die Kraft hat, platziert abzuziehen. Wie einst der Schlipper, da werden Erinnerungen wach. Vor allem, der passt nach Gelsenkirchen. Er hat noch als Junge in den Minen vor Bogota gearbeitet.

Eigentlich der Spielertyp, auf den wir lange gewartet haben, und endlich mal jemand mit Spielwitz, wo man keine klatschenden Hände an der Video-Wand braucht, um ihn anzufeuern. Selbst bei so einem popeligen Testspiel wie gestern. Man merkt einem schon an, ob der da unten gerne Fußball spielt oder ob er lieber über Chrom streichelt.

Sieben Testspiele in zwei Wochen, komprimiertes Programm, sagt der Trainer, aber so ist halt das Geschäft. TMx überträgt zwar alle Spiele, aber ein, zwei will ich mir doch live anschauen. Ist ja irgendwie witzig, man trifft wieder ein paar Leute, weil es eben kein Rahmenprogramm gibt. Bei den Liga-Spielen sitzen viele schon ab elf Uhr auf ihren Plätzen, um das Vorprogramm nicht zu verpassen. Da hast du kaum eine Chance, jemandem ohne Verabredung zu begegnen.

Gestern hab' ich Sascha nach Jahren wieder getroffen, wir waren zusammen 1997 in Valencia und jahrelang im selben Fanklub. Eine schöne Zeit. Ich hab' den kaum wieder erkannt. Alt ist er geworden und dieser Bierbauch, nee, wo der doch einst so schlank war. Es ist ja auch kein Wunder, dass wir uns so lange nicht gesehen haben. Damals, als die Stehplätze dem Drive-In weichen mussten, hat er sich mit seiner Frau Momo einen Einstellplatz im Block N2 für zehn Saisons gekauft. Wer hätte das gedacht, dass sich diese Art durchsetzt, Fußball live durch die Windschutzscheibe zu sehen.

Mir wäre das zuviel, diese ganze Technik im Auto. Da fährst du in deinen Block, wirst angedockt und schon kannst du über Server und Monitor dich live in andere Stadien einklinken, dir Super-Zeitlupen ranholen oder verschiedene Kamerapositionen auswählen. Ganz zu schweigen vom Merchandising-Angebot. Du bestellst elektronisch, was du haben willst, und bekommst es noch während des Spiels zum Auto geliefert. Genauso wie das Essen, bei dem du aus sieben verschiedenen Restaurantkarten auswählen kannst. Einzig die Stammbiermarke ist geblieben.

Nee, das alles ist nichts für mich. Zu uns in den Block 38 ist sie ja noch nicht vorgedrungen: die Proletenloge, wie wir auf den Oberrängen sagen. Aber unten ist schon alles voller parkender Autos, und dieses Gehupe nach jedem Tor geht mir voll auf den Sack. Ein paar Leute von uns versuchen ja noch was, doch die Unterschriftenliste für den Erhalt der Sitzplätze kommt eh zu spät und ist daher wohl für den Arsch.

Wenn ich mich heute in der Arena »Auf Schalke« umgucke: Die Bausubstanz ist inzwischen marode, und auch sonst hat sich viel verändert. Wenn ich daran denke, wie wir damals zur Stadion-Eröffnung gegen Inter Mailand in unseren Block kamen und Wow gerufen haben. Über zwei Jahrzehnte ist das her, und es war für uns eine neue Welt. Die Bereiche hinter den Rängen und die Aufteilung der Blöcke, einfach sagenhaft. Damit war es natürlich vorbei: von der Tribüne mal runter, rein in die Südkurve, dem Schwager kurz die Hand geben. Aber Mann, haben wir uns gefühlt. Mit Regenjacken und Pullis sind wir da rein in die 24 Grad Stadiontemperatur. Das war ein Spaß, wir mit den ganzen ausgezogenen Brocken auf den Knien. Aber wir haben uns die Lunge aus dem Hals geschrien für unsere Blauen, und draußen tobte ein Unwetter. War damals witzig, aber auch der erste Fauxpas, dass die Architekten dieses Problem gar nicht gesehen hatten. So mussten die Garderoben in der nächsten spielfreien Zeit nachträglich eingebaut werden. Aber wir rissen Witze und fanden es irgendwie urkomisch, dass das ausgerechnet uns beim FC Solar Schalke 04 passierte.

Vor fast 50 Jahren haben sie auch mal im Hauptbahnhof der Stadt die Toiletten vergessen einzubauen, das war aber nicht so schlimm, weil's dort viele Ecken gab, und mir fällt dazu wieder das grandiose 2:1 von 1996 gegen die Bayern ein. Ja, der traurige Bahnhof, gut dass sie ihn abgerissen haben. Es war ein langer Prozess, endlich wieder das uralte Bahnhofsgebäude mit dem Knowhow von heute zu rekonstruieren. Eines der letzten großen Bauprojekte in unserer Stadt, wenn ich mich recht entsinne. Oder war der Umbau des Parkstadions in Deutschlands Fußball-Museum doch noch aufwendiger? Ist ja auch egal, beide sind auf ihre Art einfach unvergleichlich.

Bei schlechtem Wetter ziehe ich manchmal mit ein paar Freunden ins Museum und wir machen uns einen bunten Nachmittag. Da streife ich mir die Konfirmationsschuhe vom Ernst Kuzorra an und tauche in die virtuelle Welt eines Bolzplatzes. Sobald die Brille aufgesetzt ist, geht sie ab, die Lucy. Blagen rennen mich um, und ich tanke mich auf die beiden angehäuften Jackentürme zu. In der Mitte steht ein rotziger Tormann, der respektlos auf meine Bewegung starrt. Letztes Mal hab' ich mir die Pöhler mit Petroleum eingerieben – alter Trick von Szepan – und damit auf Schnee gespielt. Das war ein Eiertanz.

Wenn man die Brille absetzt, ist erstmal Essig mit Schönschreiben. Da bist du fix und fertig. Ich muss auch langsam an meine Pumpe denken. Aber in der Kuzorra-Ecke dreh' ich einfach ab. Nächstes Mal will ich das Endspiel mit dem Leistenbruch programmieren, das stell' ich mir groovy vor. Wenn sich die Leute die Brille überstülpen, egal in welchem Alter, werden die Beine flinker als sonst.

Ja, die Technik. Ich hole mir meine Lieblingskassette aus dem Verleih und setze mich an den Tape-Trakt. Ich leg' sie ein, und das Spiel in Valencia wird angepfiffen. Mal sehen, wie hoch ich diesmal gewinne.

Youri lass' ich heute vier Tore machen. Ist schon irre, dass man alle Spiele so gestalten kann, wie man sich das denkt und programmiert. Neulich hab' ich nochmal Meazza anders gespielt, ohne Elfmeterschießen, und hab' die Italiener alt aussehen lassen. Diesmal hat der Youri das Spiel durch einen fulminanten Schuss in der 80. Minute für uns entschieden. Ich hab' ihn einfach von der Tribüne ins Spiel gebeamt.

Im Museum finde ich das ja toll, diese ganzen Möglichkeiten. Aber dass der Kirch jun. das jetzt auch als Pay-Set anbietet, also ich weiß nicht. Du schaust ein Live-Spiel und kannst deine Mannschaft, falls sie in Rückstand gerät, über die Beamer selber nach vorne bringen. Du kannst taktieren und das Spiel drehen und es für dich entscheiden, gerade so, wie es dir gefällt. Hat zwar mit der Realität nicht mehr viel zu tun, aber der Haussegen hängt wegen eines verlorenen Spiels wenigstens nicht mehr schief.

Ja, das Museum hab' ich richtig in mein Herz geschlossen. 1,2 Millionen Zuschauer im Jahr: Wer hätte je gedacht, dass Gelsenkirchen einmal Touristen-Hochburg wird! Im Berger Feld tummeln sich Japaner, Tifosi und britischen Reisegruppen, eigentlich alles, was am Ballsport Freude hat. Ist auch schön, dass so vieles rekonstruiert wird und erhalten bleibt und man den Enkeln zeigen kann, wo man sich früher festgeschnallt hat. In der Vereinskneipe zum Beispiel. Es ist aber schon komisch, nach Bosch zu gehen und genau zu wissen, dass das doch hier im Museum ist. Alles genau nachgebaut. Aber richtig spacig finde ich den Trainerstuhl. Du setzt dich rein, drückst dir einen Spieler und den kannst du dann trainieren. Das ist so lebensecht, dass du meinst, du spürst den Atem dieses Spielers. Ich hab mir neulich den Lehmann aus früheren Tagen gedrückt. Na ja, alles macht der auch nicht!

Es ist jedenfalls was für die kalten Wintertage, das Museum, und mit meiner Dauerkarte fürs Stadion krieg' ich 50 % Ermäßigung. Mit meiner spärlichen Rente ist ja auch keine Fernreise mehr drin. Da kam die Dividendenausschüttung vom letzten Jahr genau zum richtigen Zeitpunkt, um gleich die neue Dauerkarte für die nächste Saison zu buchen. Es war doch richtig, 2006 das Aktienpaket von Solar Schalke 04 zu kaufen.

Erst war ich ja skeptisch: kein richtiger Verein mehr. Alle Mitglieder tschüss… Nur noch Aktionäre hatten Stimmrecht, aber wir waren die letzten, die von Bord gingen. Die letzten aus der Liga, die noch Verein waren. Ist doch auch was, sich solange gewehrt zu haben.

Aber das mit dem Schreckgespenst BVB, das hat ja auch abgetörnt. Wie diese Leute aus der Nähe von Lüdenscheid einen damals immer abgetörnt haben. Aber jetzt fehlen sie mir doch. Mensch, waren das Fights, diese Lokalderbys.

Was der Wolle wohl macht. Seit dem Börsencrash 2006 und dem folgenden Konkursverfahren gegen den BVB hab' ich den nicht mehr gesehen. Aber trotzdem, die fehlen mir, die Kartoffelkäfer. Irgendwie war das gut, denen ein paar einzuschenken. Das frühere Westfalenstadion ist heute Parkhaus für die ausgebaute Westfalenhalle. Ich habe meine Enkelin Lisa neulich zum Konzert vom Noah, dem Boris Becker seinen Sohn, dort abgesetzt. Haben die echt nicht verdient, die Borussen! Oder vielleicht doch! Das war ein Niedergang, der im ersten Moment ja noch ein paar Kronkorken in die Luft beförderte.

Meinen persönlichen Dolchstoß erhielt ich dagegen bei meinem Lieblingsamateurverein, bei Erle 08. Ich hatte mich so langsam wieder daran gewöhnt, dorthin zu gehen, das muss so 2011 gewesen sein. Irgendwas in mir sagte: Nee, keinen Bock mehr auf Trallafitti im Profisport und back to the roots. Zwei Jahre hat der Spaß gedauert, und ich hatte wieder angefangen die Jahreszeiten mitzubekommen. Sonnenbrand im Sommer. Kalten Pöter im Winter, und Würstchen vom Holzkohlegrill. Und wieder Auswärtsfahrten nach Gelsenkirchen-Buer-Bülse. Es fing gerade wieder an Spaß zu machen, da kam das Aus für die Amateurvereine.

Der DFB beschloss jegliche Arbeit im Amateurbereich einzustellen. Leistungszentren sind effektiver, hieß es, und der Aufbau von Netzwerken weltweit. Aus, aus, aus, das Spiel ist aus, rief irgend jemand mal in einem anderen Zusammenhang. Seither erwische ich mich oft dabei, wie ich ziellos durchs Ruhrgebiet fahre und einfach da anhalte, wo ein bisschen gepöhlt wird. Ich setze mich auf irgendeinen Bordstein und schaue zu, wie sie hinter der Lederkugel herjagen.

Durch die Weltliga ist der Fußball auch nicht besser geworden. Na gut, von der guten alten Bundesliga sind wir und Bayern United und Ufa Berlin noch dabei, aber so richtig näher gebracht hat mir die Weltliga Flamengo Cola Rio oder Barfuß Puma Jerusalem auch nicht. Die Welt ist zwar kleiner geworden, aber der Fußball ist auseinander gerückt. Mensch, waren das noch Spiele gegen Rot-Weiß und gegen die Seuche. Da werden wieder Erinnerungen wach. Die letzte gewonnene deutsche Meisterschaft in der Bundesliga 2004, genau zum hundertjährigen Jubiläum, die verdammte Salatplatte in die Luft zu halten. Mensch, das war eine Saison. Wir haben unsere Jungs gnadenlos nach vorn getrieben. Da waren die Heimspiele noch eine Macht und sichere drei Punkte. Und nicht zu vergessen die tolle Mannschaft, die wir da hatten. Für Rudi war ja danach Schicht im Schacht. Ab und zu sieht man ihn noch im Fernsehen. Bei einem Filmfest in Cannes glaube ich, oder war es Rio. Zuletzt habe ich ihn bei der Beerdigung vom Franz auf TMx im Fernsehen erkannt. Dass der immer noch seine Zigarren pafft, und das in seinem Alter.

Ja, der Franz, der alte Kaiser, irgendwie hatte der auch was von Gelsenkirchen. Erst hat er alles abgerissen, dann neu gebaut. Und später dann wieder abgerissen und den ursprünglichen Zustand rekonstruiert. Jetzt waren sie alle bei der Trauerfeier. Die gesamte Weltfußball-Elite, und Lothar Matthäus hielt seine mindestens zweieinhalbstündige Rede. Souverän wie immer, der Loddar, nur der englische Akzent passt irgendwie nicht zu ihm. Aber für einen UEFA-Präsidenten ist Englisch halt die Amtssprache, und die hatte er ja drauf nach 16 Jahren in der US-Liga.

Dann zeigten sie den Trauerzug durch Kitzbühel. Altbekannte Gesichter trugen den Sarg, auch Katsche Schwarzenbeck, des Kaisers früherer Wasserträger, und wieder hat keiner auf ihn geachtet. Ob die Werbebanden da immer am Straßenrand von Kitzbühel stehen, fragte ich mich und ging in die Küche und machte mir eine Tüte Colorado Mix auf.

Das war schon eine super Übertragung. Aber ob dem Franz das gefallen hätte, diese Werbeeinblendung für Coca-Cola, als sie den Sarg in die Tiefe hievten: »Zeit für eine eiskalte Erfrischung«. Naja, es war halt die beste Sendezeit, und wann gibt's schon mal Beerdigungen am Samstag Abend um 20.15 Uhr zu sehen.

Aber schön, dass der Franz noch die Einweihung seines neuen Stadions in München erleben konnte. Mann, ist das ein abgespaceter Bau. Da hat der Franz sie mal wieder alle ausgetrickst, ein letztes Mal, die ganze Landesregierung und die Stadtspitze. Jetzt steht es da, auf Hydraulik-Puffern direkt über der City von München. Da fährst du unten mit dem Wagen in den Fahrstuhl, der dich auf die Parkdecks bringt, und du hast von den Außenterrassen einen Blick über ganz München und kannst bei gutem Wetter sogar die Alpen sehen. Gleichzeitig ist damit ein Teil der Innenstadt überdacht worden, und da haben die Kommunalpolitiker große Augen gekriegt. Ja, der Franz, der hat es halt drauf gehabt.

Wenn ich da an unsere Bruchbude denke, die hätte auch mal eine Generalüberholung nötig, aber das geht nicht bei dem eng gelegten Spielbetrieb und nicht zu vergessen die Konzerte, Tennisturniere und die ganzen Kirchentage.

Der Wecker schellt um acht Uhr. Ich wollte heute eigentlich früh laufen gehen. Mann, schmerzt mein Kopf. Der Absacker gestern nach dem Spiel, beim Erwin, der kam gar nicht gut. War das ein Scheiß-Spiel gegen Rot-Weiß Essen gestern. Und dann dieser Traum heute Nacht. Was macht das denn mit dir?, fragt die Psychologin.

Ich schmiere mir ein Brot in der Küche und denke, naja, ob wir es in der Rückrunde noch schaffen, den sechsten Platz, um endlich wieder international zu spielen. Aber es gibt ja diesen klugen Spruch: Der Weg ist das Ziel. Jau, sag ich mir und lese wie immer den Sportteil zuerst. 2:0 für Rot-Weiß Essen gegen Schalke 04.

Mann, ist datt ein Scheiß-Morgen.

Zur Person

BODO BERG, Jahrgang 1954, wuchs in Gelsenkirchen auf: zunächst im Schievenviertel von Buer-Erle, ab 1967 in Schalke. Er beendete mit 15 Jahren die Schule und arbeitete danach als Einzelhandelskaufmann, Speditionsarbeiter, Dachdecker, Drahtzieher, Tischler und ausgebildeter Möbelrestaurator. Seit 1992 ist er Vorsitzender der Fan-Initiative »Schalker gegen Rassismus e.V.«, die zu den größten und engagiertesten Fanklubs in Deutschland zählt. Die Gruppe eröffnete 1996 in Schalke einen Fan-Laden, in dem Bodo Berg seither hauptamtlich arbeitet. Für ihre multikulturelle Arbeit wurde die Initiative mehrfach ausgezeichnet, u.a. mit dem Förderpreis »Demokratie und Leben« des Deutschen Bundestages (1998) und dem »Goldenen Hammer zur Überwindung von Gewalt und Rassismus« des Landes Nordrhein-Westfalen (2000).

YVES EIGENRAUCH, Jahrgang 1971, spielte als Fußballer für Blau-Weiß Lerbeck, SV Minden 05 und Arminia Bielefeld. 1990 kam er zu Schalke 04, wo er seither als Defensivspieler zur Stammelf gehört. 1997 wurde er mit der Mannschaft UEFA-Pokalsieger. Eigenrauch ist auch als Fotograf und bildender Künstler tätig. Seine Arbeiten wurden mehrfach ausgestellt. 1994 erschien sein Fotoband »Zwischendurch«.

Für die in diesem Buch gezeigten Bilder filmte Eigenrauch zunächst vor Ort Videosequenzen. Die einzelnen Motive wurden dann auf dem TV-Bildschirm ausgewählt und mit einer Polaroidkamera abgelichtet. Die Fotoabzüge wurden anschließend gescannt und digital bearbeitet.

FUSSBALLBÜCHER
IM VERLAG DIE WERKSTATT

Georg Röwekamp
FC Schalke 04 – Der Mythos lebt

Das bisher umfassendste und ehrlichste Buch zur Geschichte
eines legendären Vereins. Georg Röwekamp berichtet über die
wilden Gründerjahre, die große Zeit mit Kuzorra und Szepan,
über Skandale und Abstiege, über den grandiosen UEFA-Cup-
Gewinn. »Eine lückenlose Chronologie, kenntnisreich geschildert
und glaubwürdig analysiert.« (Hattrick)
368 Seiten, Fotos, Spielerporträts, statistischer Anhang.
ISBN 3-89533-164-3, DM 39,80 / sFr 37,– / öS 291,–

VERLAG DIE WERKSTATT
LOTZESTR. 24a · 37083 GÖTTINGEN

VEREINSBÜCHER IM VERLAG DIE WERKSTATT
FÜR FANS, DIE <u>MEHR</u> WISSEN WOLLEN

Die Bayern – Die Geschichte eines Rekordmeisters.
»Die bisher gründlichste Vereinsgeschichte des FCB, die nebenbei
mit einschlägigen Vorurteilen aufräumt.« (taz)
544 Seiten, Fotos, Spielerporträts, statistischer Anhang.
ISBN 3-89533-203-8, DM 44,– / sFr 41,– / öS 321,–

»Und Du stehst immer wieder auf!« – Die Geschichte von Borussia
Dortmund. 90 spannende BVB-Jahre: Der Aufstieg einer Revierelf
416 Seiten, Fotos, Spielerporträts, statistischer Anhang.
ISBN 3-89533-237-2, DM 39,80 / sFr 37,– / öS 291,–

Hertha BSC: Eine Liebe in Berlin.
Die lange, wechselhafte Geschichte der alten Dame Hertha, die aus der
Zweitklassigkeit in die Champions League durchstartete.
»Ein Buch mit hoher Authentizität« (Berliner Zeitung)
448 Seiten, Fotos, Spielerporträts, statistischer Anhang
ISBN 3-89533-257-7, DM 39,80 / sFr 37,– / öS 291,–

1. FC Kaiserslautern: Die Roten Teufel sind wieder da.
Die Erfolgsgeschichte des Traditionsvereins und die drei wilden Jahre
1996-98 mit Pokalsieg, Abstieg, Meisterschaft.
384 Seiten, Fotos, Spielerporträts, statistischer Anhang.
ISBN 3-89533-221-6, DM 39,80 / sFr 37,– / öS 291,–

Hamburger Sportverein: Immer erster Klasse.
Die ausführliche Historie des »noblen Klassikers« – »das bisher
beste Buch zum HSV«. (Hamburger Rundschau)
416 Seiten, Fotos, Spielerporträts, statistischer Anhang.
ISBN 3-89533-220-8, DM 39,80 / sFr 37,– / öS 291,–

1. FC Nürnberg: Die Legende vom Club
Die Club-Geschichte: »Sachkundig, gut geschrieben und mit
wunderschönen Fotos.« (Süddt. Zeitung)
384 Seiten, Fotos, Spielerporträts, statistischer Anhang.
ISBN 3-89533-163-5, DM 39,80 / sFr 37,– / öS 291,–

Bitte auch Gesamtprospekt anfordern.

VERLAG DIE WERKSTATT
LOTZESTR. 24a · 37083 GÖTTINGEN